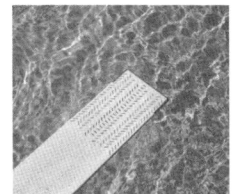

**위험한
인생책**

일러두기

- 본문에 등장하는 인물들의 이름은 프라이버시 보호를 위해 (10장의 실명을 제외하고) 대부분 가명으로 표기하였습니다.

위험한

인생책

차례

0. 프롤로그
Prologue

10년에 한 번씩 내 삶을 흔들어보기로 결심하다 ·········· 11
내가 원하는 라이프스타일은 무엇인가 | 꼭 하던 일을 관두고 1년씩이나 계획해야 할까? | 최종 목표는 더 큰 성공이 아니다

계획 없이 시작된 첫 번째 Year-off ·········· 20
우연투성이 Year-off를 마치고 | Year-off는 이후 10년을 어떻게 바꾸었는가

10년에 한 번씩, 주기적인 인생 프로젝트로 ·········· 35
의도적인 멈춤의 힘 | Questions & Tips

1. 이륙 준비
Preparing for Take-off

온전히 현재의 삶에 집중하기 위하여 ·········· 45
또 한 번 떠나야 할 때가 왔다

나를 이해하기 위한 훈련들 ·········· 50
고통의 신호: 스트레스의 근본 원인 치유하기 | '내면의 아이'가 알려주는 삶의 진실 | 다른 삶을 살 수 있다면, 나는 무엇을 하고 있을까? | 나의 추구미: 크리에이티브한 창업가들 | Questions & Tips

두 번째 Year-off를 위한 계획 ·········· 64
'우리'가 원하는 라이프스타일 함께 찾기 | '어디서 살지'보다 '어떻게 살지' 먼저 선택하기 | 내가 원하는 라이프스타일에 맞는 직업 찾기 | 한국을 베이스캠프로 선택하다 | Questions & Tips |

떠나기까지 왜 그렇게 힘들었을까? ·········· 80
Questions & Tips

2.
이륙
Take off

새로운 마인드셋 훈련하기 ················· 89
Questions & Tips

What-If 실험 시작! ······················· 96
만약에 카페를 연다면 어떨까? | 만약에 글을 써보면 어떨까? | 만약에 영감 가득한 홍대에 살아보면 어떨까? | Questions & Tips

3.
비행
Full flight

낯선 사람들과의 티타임 ···················· 115
영혼의 만족과 경제적 안정은 공존할 수 있을까? | 나다운 삶을 사는 사람들의 강단 | 이 대화가 내게 가르쳐준 것들 | 낯선 사람과의 대화를 일상화하자 | Questions & Tips

동종업계 사람들과의 티타임 ················ 133
알려주면서 나도 배우는 선순환 | 잊고 있던 열정에 다시 불이 붙다 | 글로벌 진출을 꿈꾸는 한국 AI 스타트업과의 만남 | 새로운 커리어 가능성을 발견하다 | 이 대화가 내게 가르쳐준 것들 | Questions & Tips

만약에 책을 써본다면 어떨까? ··············· 147
독립서점에서의 출판 수업 | 나는 어떤 주제로 책을 쓸 수 있을까? | 우연처럼 찾아온 기회, 편집자와의 만남

4.
순항 고도
Cruising Altitude

계획한 여정의 한가운데서 고도를 점검하며 ······ **161**
중요한 결정을 할 때 나의 노하우 | 중간 점검! | Questions & Tips

책 출간 프로젝트에 베팅하기 ······ **172**
80%의 시간을 핵심 프로젝트에 | Questions & Tips | 20%의 시간을 소중한 즐거움에 | 단순하게 살며 '딱 맞는' 느낌 찾기 | Questions & Tips

모두에게 이해 받을 필요는 없다 ······ **187**

5.
난기류
Turbulence

만약에 취리히에 정착한다면 어떨까? ······ **195**

나는 지금 뭘 하는 사람일까? ······ **199**
계획했던 1년이 끝나가고 있었다 | 예상치 못했던 씨앗 하나 | 이너 피스를 찾아서 | Questions & Tips | 이것으로 충분하다는 만족감 | 도전 근육을 키우는 습관 | Questions & Tips

사상 초유의 레이오프 사태 ······ **219**
Questions & Tips

6.
착륙 준비
Preparing for Landing

자연에 나를 맡기다 ······ **229**
반복되는 일상의 아름다움 | 거리를 두고 봐야 보이는 것들 | 누구에게나 각자의 산이 있다 | 그리고 엄마의 산 | 삶의 우선순위 반전 | Questions & Tips

책 출간 후 찾아온 순간들 ······ **244**
뜻밖의 도움과 친절 | Questions & Tips | 묻고 답하는 과정에서 더욱 명확해진 비전

7.
착륙
Landing

만약에 뮌헨에 정착한다면 어떨까? ········· 257
Questions & Tips

시대의 변곡점에서 새로운 커리어를 탐색하다 ········· 262
만약에 AI 스타트업의 여정에 함께하면 어떨까? | 뮌헨에 오피스를 둔 직장은 없을까? | Questions & Tips

마지막 밤 ········· 274

8.
도착, 그리고
새로운 집
Arriving, New Home

더 좋아보이는 것과 내 마음이 향하는 곳 ········· 281
옳은 선택은 없다, 나의 선택만 있을 뿐 | 딱 맞는 옷을 입은 것 같은 느낌

온전한 나로 살아가는 삶 ········· 292
Questions & Tips

9.
에필로그
Epilogue

Year-off 1년 후, 원하던 삶을 찾았는가? ········· 301
Year-off 2년 후, 변화는 여전히 진행 중! ········· 306
마음속을 맴도는 채워지지 않은 그 갈망에 대하여 ········· 311
Final Questions & Tips ········· 314

10.
보너스:
또 다른 이들의
안식년 스토리

아틸라 암스트롱 ········· 319
한기용 ········· 323
모르 슐레징거 ········· 328
차현나 ········· 333

0. 프롤로그

Prologue

10년에 한 번씩
내 삶을 흔들어보기로 결심하다

20대 후반, 나는 10년에 한 번씩 1년이라는 시간을 오롯이 나 자신을 위해 쓰기로 결심했다. 말하자면 '오프off' 버튼을 눌러 회사를 잠시 그만두고 내 삶 전반을 점검하는 일종의 리셋 기간을 갖기로 한 것이다. 사람들은 이런 시간을 가리켜 안식년sabbatical이나 긴 휴가time-off라고들 부른다. 하지만 이런 단어들은 어딘가 휴식이나 힐링에 방점이 찍혀 있어서 내가 진짜로 지향하는 바를 온전히 담아내지 못하는 느낌이었다.

내가 계획한 1년은 단순히 쉬는 시간이 아니라, 앞으로의 10년을 내가 원하는 방향으로 살아가기 위한 전략적인 도구에 가깝다. 날마다 그저 관성대로 살아가기 쉬운 익숙한 삶에서 한 발짝 떨어져 스스로에게 이런 질문을 던져보는 시간이다. "나는 지금, 내가 원하던 삶을 살고 있는가?"

그리고 동시에 평소 마음 한구석에 묻어 두었던 수많은 질문과 욕망을 끄집어내어 마주하는 시간이다. 그 1년 동안 나는 매일 출퇴근에 얽매여 시도하지 못했던 일들, 하고 싶었지만 막연히 미뤄 두었던 도전들을 하나씩 실험해보기로 했다. 그 과정에서 나에게 맞는 해답을 찾고, 내 삶에 필요한 변화를 만들어낼 수 있었다.

이렇게 10년에 한 번, 나만의 방식으로 삶을 '흔들어보는' 인생 프로젝트를 심플하게 'Year-off'라고 이 책에 표현해보았다.

내가 원하는
라이프스타일은 무엇인가

내 인생의 첫 번째 Year-off는 20대 후반에 '우연히' 시작되었다. 그런데 놀랍게도 그 경험은 내 삶에 뜻밖의 전환점을 만들어 주었고, 이후 10년을 잘 살아갈 수 있는 원동력이 되었다.

그래서 30대 후반, 이번에는 처음부터 의도적으로 계획한 두 번째 Year-off를 보냈다. 이 책은 바로 그 여정을 중심으로 이야기를 풀어간다. 본격적인 시작에 앞서 왜 내가 이런 인생 프로젝트를 설계하게 되었는지, 그 배경부터 간단히 나눠보려 한다.

곰곰이 생각해보면 사랑, 건강, 일, 이 세 가지가 우리의 라이프스타일을 가장 크게 좌우한다. 그런데 오늘날의 사회 시스템을 고려하면, 그중에서도 '일'이 라이프스타일을 정의하는 데 가장 결정적인 영향을 미치지 않나 싶다. 대부분의 성인들은 직장에서 가장 많은 시간을 보내고, 특히 한국에서는 아주 어린 시절부터 좋은 직업을 갖기 위한 준비를 시작한다. 일은 단지 생계를 위한 수단이 아니라, 부와 인간관계, 나아가 자아 정체성까지 규정짓는 요소이다. 때로는 인생의 동반자를 만나는 경로가 되기도 하고, 일의 방식이나 스트레스 수준에 따라 건강도 많은 영향을 받는다. 결국 '일'은 우리의 삶을 설계하는 가장 강력한 축인 셈이다. 그래서 나는 늘 '내가 원하는 라이프스타일'을 고민할 때마다 '어떤 일을 해야 내가 원하는 삶을 살 수 있을까' 하는 질문으로 바꾸어 열심히 고민해왔다.

어릴 적 한때 꿈꾸던 삶은 대도시의 고층 빌딩에서 유명 클라이언트를 상대하는 화려한 커리어우먼의 모습이었다. 경제적인 독립을 위해 돈도 제법 중요한 우선순위를 차지했다. 그때의 나는 늘 '정답'을 찾아야 한다는 강박에 사로잡혀 불안해하면서도 정작 '올바른 질문'을 던질 여유는 없었던 것 같다.

그래도 정말 다행인 건, 언제나 내 마음의 목소리에 귀를 기울였다는 거다. 시간이 흐르면서 변화해 가는 나의 가치관과 욕망을 들여다보았고, 그에 따라 삶의 터전도 커리어의 방향도 조금씩 변화를 주었다. '내가 진짜 원하는 삶'이 무엇인지 찾기 위해 때론 낯선 도시로 떠나고, 익숙했던 것들을 내려놓는 선택도 마다하지 않았다.

물론 두려움과 불안이 없지 않았다. 그럼에도 불구하고, '언젠가는 해보고 싶다'고 남겨놓은 미련과 실현하지 못한 욕망들은 기어이 나의 발목을 잡고 현재에 집중하지 못하게 한다는 걸 너무 잘 알았다. '한번쯤 ○○에서 살아보고 싶어' '○○를 하면서 살아보는 건 어떨까?' '더 늦기 전에 ○○를 꼭 배워보고 싶은데' 하는 생각들은 현재 내 삶의 만족감과 몰입을 떨어뜨리는 주범이니까 말이다.

그래서 나는 항상 스스로에게 원하는 것을 묻고, 그렇게 나온 답들을 현실에서 실험해보기 위해 큰 용기를 내었다. 그 과정에서 배운 것은 분명했다. '시도를 통한 배움'만이 나다운 삶을 구축할 수 있는 실마리를 제공해준다는 것. 내가 원하는 삶을 만드는 유일한 방법은, 마음속 다양한 욕망들을 현실에서 시도해보고, 그러고 나서 어떤 일이 일어나는지를 지켜보고 판단하는 것이라고 믿는다.

예컨대 30대의 어느 시기에도 유령처럼 계속 나를 따라다닌 생각이 있어 스스로에게 질문하지 않을 수 없었다. '나는 지금 바라던 대로 살고 있는가?' 101번 국도를 타고 샌프란시스코로 퇴근하는 길, 수백 개의 빨간 브레이크 등을 보고 있자면 숨

이 턱턱 막히곤 했다. 처음엔 마냥 즐겁고 자랑스러운 회사였는데, 일의 성취감과는 별개로 앞으로도 10년 이상 계속 이런 생활이 반복될 거라고 생각하면 왠지 답답하고 두려웠다.

이러한 유령은 누구에게나 갑자기 찾아올 수 있다. 그럼에도 안정적인 커리어를 내려놓는 건 결코 쉬운 일이 아니다. 사회도, 가족도, 심지어 나의 내면의 목소리조차 멈추지 말라고 경고한다. 그래서 우리는 그 '유령'과 대면하지 못한 채 마음 한구석에 의문과 갈망들을 품은 채로 그저 계속 앞으로 걸어간다.

많은 사람들이 이력서에 공백이 생기는 것을 두려워한다는 걸 잘 알고 있다. 나도 예외가 아니었으니 말이다. 하지만 두 번의 공백(Year-off)을 경험한 사람으로서 이제 나는 자신 있게 말할 수 있다. 의도를 갖고, 진심으로, 그리고 담대하게 Year-off 기간을 살아낸다면 오히려 커리어는 더욱 단단해진다. 그 시간을 통해 쌓은 '스토리'와 새로운 스킬은 나의 강력한 자산이 된다.

실제로 두 번의 Year-off는 내 삶을 바꿔 놓았고, 이 책은 그 경험과 인사이트를 기록한 것이다.

꼭 하던 일을 관두고
1년씩이나 계획해야 할까?

현재의 커리어 트랙에서 한 발짝 물러나는 것이 왜 중요할까? 산

정상에 오르거나 비행기가 이륙한 후, 아래를 내려다보며 '와, 여기서는 모든 게 다 다르게 보이네' 하고 생각한 적이 있는가? 아래에 있을 때는 열심히 앞으로 달려가는 게 더 중요하게 느껴진다. 우리는 하루 대부분의 시간을 너무 바쁘게 살고 그래서 다른 것을 느낄 여유가 없는 채로 살아간다.

하지만 낯선 외국에서 산 정상에 오르거나 안락한 일상의 공간에서 멀리 떨어진 곳에 와보면 신기하게도 새로운 감정과 질문이 우리를 찾아온다. 그때 비로소 다른 인생을 상상해보고, 새로운 직업과 새로운 인간관계를 꿈꿔보기도 한다.

그런데 그 달라진 삶이 자신에게 맞는 것인지 어떻게 알 수 있을까? 물론 멋져 보이겠지만, 그것이 정말 나다운 최고의 모습일까? 정말로 내가 원했던 삶이 맞을까? 그래서 나는 그것을 실험해볼 수 있는 기간을 명시적으로 정해 둔 것이다. 즉, 내가 상상했던 것이 나의 기대와 일치하는지를 알기 위해서 나는 직접 그렇게 살아보아야 했다.

그렇다면 그것을 확인하는 데 왜 꼭 1년이라는 시간이 필요한 걸까? 물론 반드시 1년일 이유는 없다. 절대적인 정답은 없지만, 나는 1년이 커리어에 지장을 주지 않을 만큼 짧고, 예상치 못한 방향으로 일을 진행할 수 있을 만큼 충분히 긴 기간이라고 생각했다.

이 1년의 Year-off를 실행할 수 있도록 내가 이전의 직장에서 좋은 연봉을 받고 돈을 모을 수 있던 것은 일종의 큰 특권이었다.

물론 내 집 마련, 아이 출산, 승진 같은 것을 잠시 내려놓아야 했다. 또한 그 1년 동안 프리랜서 격으로 번 수입들을 성실하게 모으고 소비를 줄여야 했다. (그럼에도 내 주식이 하락하거나 1년 동안 통장에 돈이 점점 주는 것을 확인할 때마다 패닉이 왔지만 말이다.) 이처럼 생활 방식의 변화로 인해 작은 불편함이 있었지만, 그 대가로 내가 경험한 것과 배운 기술들은 그 불편을 만회하고도 남는다. 사실 나는 이것을 나의 브랜드와 가치를 키우고 더 행복해지는 미래를 위한 투자라고 생각했다.

마지막으로, 1년간 커리어를 '버리는' 결정에 충격을 받지도 모를 가족이나 사랑하는 사람들에게 그간 내가 오래 전부터 이 시간을 계획해온 이유와 준비 과정을 친절하게 설명했다. 모든 사람들이 처음부터 나의 결정을 지지해준 것은 아니지만, 내가 그 1년을 어떻게 보내는지를 실제로 지켜보면서 점점 더 열렬한 지지자로 변해 갔다. 나를 사랑하는 사람들은 결국 내가 행복하길 바라기 때문이다.

최종 목표는
더 큰 성공이 아니다

실리콘밸리의 한 대기업에서 디자인 부사장으로 일했던 멘토로부터 들은 일화가 있다. 그녀는 팀원들에게 1년에 한 번씩 외부 기업과 인터뷰를 해보라고 권한다. 한국으로 치면 일종의 면접을 보라는 권유인 셈이다. 리더의 가장 중요한 책임 중 하나는 인재를 잃지 않고 유지하는 것이기에 처음에 나는 이 이야기가 꽤나 도발적으로 들렸다. 그러나 그녀는 그것이 장기적으로 좋은 인재를 유지하는 방법이라고 말했다. 궁극적으로 그들은 자신에게 더 적합한 길을 찾거나, 아니면 현재 맡은 역할이 다른 옵션들에 비해 훨씬 멋지다는 걸 깨닫게 되기 때문이다.

최고의 인재가 더 적합한 길을 찾아 떠나면 당장은 손해로 느껴질 수 있지만, 진정한 리더라면 이를 지원해야 한다. 지금 그들과 함께 일할 기회를 잃어버린다고 해도 그들은 당신의 지원을 기억할 것이고, 나중에 다시 이 팀에 합류할 기회를 잡을 수도 있다. 그들은 자신의 장단점을 훨씬 더 잘 파악하고 그래서 더 강해지고 의욕이 넘친 채로 다시 당신의 팀으로 돌아올 것이다. 실제로 메타Meta에는 직원들이 다른 회사로 옮겼다가 다시 돌아오는 경우가 드물지 않아, '부메랑'이라고 부르는 호칭도 있을 정도다.

여기서 핵심은 첫째, 자신에게 가장 잘 맞는 일을 찾는 것은 어느 정도 위험을 감수할 만큼 너무 중요한 일이며, 둘째, 이 모든 것이 장기적인 게임이라는 것을 잊지 말라는 것이다(그런 의미에서도 1년은 큰 틀에서 보면 그리 긴 시간이 아니다).

사람들이 또 자주 묻는 질문은 "그럼 언제가 적기인가?"이다. 보통 어린 시절에는 독립심이 다소 부족하고, 20대는 미래의 안정을 쫓기 쉬우며, 30대는 안주하기 시작한다. 이 말인 즉, 시간은 결코 "지금이야!" 하고 알려주지 않으니, 우리가 직접 그 시간을 만들어야 한다는 것이다. 혹시 시도해본 결과 '이건 내 길이 아니네'라는 사실을 알게 되더라도, 최소한 늘 유령처럼 따라붙던 의문은 사라진다. 그리고 자신에게 '맞다면' 그 1년이 모든 것을 바꿀 수도 있다.

누군가에게는 나처럼 1년이 필요하지 않을 수도 있다. 굳이 집을 떠나지 않아도 될 수 있다. 당신만의 방식으로, 당신에게 맞는 설계를 하면 충분하다. 그래서 이 책에서는 나의 경험과 더불어, 모두 자신만의 안식년을 설계할 수 있도록 스스로 돌아볼 수 있는 질문과 팁 Questions & Tips 코너도 실었다.

나는 '인생의 다음 스텝을 고민하기 위해 잠시 멈추는 것'을 당연하게 여기고 장려하는 문화를 만들고 싶다. 그래서 진심으로, 당신이 의미 있는 첫 발을 내딛길 바란다. 나와 비슷한 여정을 걸어간 전 세계의 많은 이들과 이야기 나누며 확신하게 된 것이 있다. Year-off를 경험하고 나면, 당신도 분명 새로워진 자신을 더 좋아하게 될 거라는 사실이다. 자신의 깊은 욕망을 이해하고 그것을 펼쳐보이는 것이야말로 내 삶의 주도권을 찾는 핵심이라는 것을 나는 배웠다. 그리고 인생은 내가 직접 운전대를 잡았을 때 훨씬 더 즐거워지는 법이다.

계획 없이 시작된
첫 번째 Year-off

이 책은 내가 30대에 가진 두 번째 Year-off를 중심으로 썼지만, 그러한 인생 프로젝트를 설계하게 된 결정적 계기인 첫 번째 Year-off를 먼저 회고해볼 필요가 있다.

2011년 겨울, 갑작스러운 해고 통보를 받았다. 당시 나는 시카고의 한 에이전시에서 최연소 수석 디지털 디자이너로 일했다. 아이도 없었고 야망과 에너지가 넘쳤기 때문에 난이도 높은 프로젝트에 자주 투입되었고, 밤낮 없이 일했다. 그래도 세계 최고의 회사들이 모여 있는 미시간 애비뉴의 고층 사무실로 출퇴근하며 명함에 '수석' 타이틀을 달 수 있으니, 그런 건 감수해야 한다고 생각했다.

그때는 구글, 아디다스, 유나이티드항공 같은 글로벌 기업의 프로젝트에 참여하면서 주 80시간씩 일했고, 커리어 초반에 이런 브랜드와 함께 일할 수 있다는 것만으로 자부심을 느꼈다. 하지만 동시에, 회사가 클라이언트에게 최선의 해결책보다는 수익을 우선시하는 결정을 내리는 걸 지켜볼 때마다 회의가 들었다. 사내 정치와 가십도 처음엔 참고 넘겼지만, 점점 더 감당하기 힘들어졌다.

럭셔리한 출장과 파티는 화려해 보였지만, 링컨 파크의 원룸 아파트로 돌아올 때면 어딘가 공허한 기분이 들었다. 외로움이나 슬픔 같은 것이 아닌, 텅 빈 느낌이었다. 하지만 그런 감정을 자세히 들여다볼 여유가 없었기 때문에 그냥 계속 앞으로 갈 뿐이었다. 막연히 '시간이 지나면 괜찮아지겠지…' 했다.

해고 통보를 받은 날은 마침 아빠가 한국으로 돌아가시는 날이었다. 아빠는 시카고 출장을 겸해 나를 보기 위해 잠깐 들르신 참이었다. 공항으로 가시는 길에 전화를 걸어 눈물을 쏟았지만, 아빠는 막 비행기를 타셔야 했기에 그저 이런 한마디만 남기셨다. "이왕 이렇게 된 김에, 지금껏 하고 싶었지만 하지 못했던 것들을 해보면 어떨까?"

그 후 우리는 12시간 동안 연락이 닿지 않았고, 나는 책상 앞에 앉아 곰곰이 생각해봤다.

'지금까지 못 했던 일 중 내가 정말 하고 싶었던 게 뭘까?'

그러고 보니 하고 싶은 일은 늘 정말 많았지만, 시간이 없거나 돈이 부족해서 막연히 미뤄 두기만 했다. 그런데 갑자기 시간이 생겼고, 요 몇 년 동안 일하면서 모은 돈도 있었다. 내친김에 버킷리스트 몇 가지를 적어보았다.

+ 세계 여행하기
+ 언젠가 내 사업 해보기
+ 유럽에서 살아보기
+ 한국에 있는 가족과 더 많은 시간 보내기

이런 리스트를 보고 있자니 물색없이 가슴이 두근거렸다. 어쩌면 평범해 보이는 것들이지만, 나에겐 큰 의미가 있었다.

곧이어 나는 아무 계획 없이 짐을 싸고, 임대로 살고 있던 아파트의 새로운 임대인을 구하고, 그리고 파리행 편도 항공권을 끊었다. 운 좋게도 파리에 사는 친구가 자신의 집에 작은 소파베드를 내주기로 했다.

파리에 도착한 후, 거리를 걸으며 이 갑작스러운 상황과 복잡한 감정을 추슬렀다. 그런 다음 구글 지도를 보며 예전부터 꼭 가보고 싶었던 도시들을 찾아보았다. 첫 번째 목적지는 스위스 취리히로 정하고, 본격적인 '나 혼자 유럽 여행'을 선언하며 호기롭게 파리 중앙역으로 갔다.

그런데 맙소사. 당시가 스키 시즌이던 탓에 일주일 내내 취리히행 기차표가 모두 매진인 게 아닌가. 이미 한 시간이나 줄을 서서 기다린 게 아까워서라도 그냥 돌아설 수 없었다. 그 자리에서 프런트에 펼쳐져 있던 지도를 보고 룩셈부르크행 티켓을 샀다. 그날 지도에서 룩셈부르크라는 이름을 보기 전까지는 한 번도 들어본 적 없는 나라지만, 티켓을 구할 수 있는 가장 가까운 나라였으므로 고민은 길지 않았다.

언어와 화폐 같은 기본 정보도 없었고, 당연히 잘 곳도 정하지 못했다. 인터넷도 안 되는 기차 안에서 나는 그저 창밖을 바라보며 M83의 'Hurry Up, We're Dreaming' 앨범을 반복해서 들었다. 처음에는 수많은 생각들이 머릿속을 맴돌았지만, 시간이 지날수록 마치 흙탕물의 흙이 모두 바닥으로 가라앉은 것처럼 서서히 고요해졌다.

룩셈부르크에 도착해서는 가장 가까운 호텔로 걸어갔다. 호텔의 로비에서야 겨우 와이파이를 연결해 그날 밤 묵을 만한 저렴한 숙소를 검색했다. 그렇게 찾아간 호스텔은 마치 손님이 한 명도 없는 듯 한적해 보였다(룩셈부르크는 젊은 사람들에게 인기 있는 관광지가 아니다). 손님이 너무 없어서였을까. 프런트에 있던 데이비드라는 직원과 자연스럽게 대화를 나누게 되었고, 그는 퇴근하면 이 도시를 구경시켜 줄 수 있다고 했다. 그는 아직 고등학생이었고 별로 위험해 보이지 않았기에 나는 '안 될 게 뭐야'

하는 마음으로 그를 따라나섰다.

룩셈부르크의 거리는 안개가 자욱하고 고요했다. 오래된 운하에서 그 몽환적인 안개 속에 달빛에 비친 백조를 바라본 것은 스물다섯 살 인생에 가장 마법 같은 장면이었다. 취리히도 좋았겠지만, 텅 빈 룩셈부르크의 한겨울 밤 꿈 같던 시간이야말로 오직 나만을 위한 선물인 듯 너무 감사하게 느껴졌다. 산책 후 데이비드는 마침 다음 날이 휴무이니 함께 벨기에 브뤼헤에 가자고 제안했다. 나는 계속 '와이낫why not' 정신을 발휘하며 다른 도시로의 여행을 이어 갔다.

이 특별한 시작은 나머지 여행 기간 동안 나의 마인드를 바꿔 놓았다. 노르웨이를 최종 목적지로 삼고 대략적인 루트만 그렸을 뿐, 이후에는 호기심과 직감에 기대어 우연 같은 세렌디피티를 기다렸다.

노르웨이를 선택한 이유는 유럽의 끝자락에 위치한 때문이기도 했지만, 그보다 몇 해 전 광주디자인비엔날레에서 함께 일했던 오슬로의 건축학과 학생들과의 인연 때문이기도 했다.

한 달 동안 기차로 유럽 7개국을 여행하며 새로운 사람들과 만나고 잊지 못할 이야기들을 만들었다.

12월에 오슬로에 도착했을 때는 햇빛이 하루에 다섯 시간 밖에 들지 않았지만, 눈이 내리면 도시 전체가 환하게 빛났다. 거리는 차가웠지만, 실내에서 즐기는 휘게hygge문화(편안함과 안락함을 중시하는 북유럽의 라이프스타일) 덕분에 마음은 따뜻했다. 사람들도 처음에는 무뚝뚝해 보였지만, 가까이 다가가면 누구보다 친절했다. 여행 마지막 날에는 디자인·건축 박물관 도가DogA에서 전시를 관람했는데, 노르웨이 디자인 문화에 대한 깊은 호기심이 일 만큼 감동적이었다. 그렇게 오슬로에서 보낸 열흘은 도시, 사람, 문화에 대한 깊은 인상을 남기며 이 도시에 다시 오고 싶다는 마음을 불러일으키기에 충분했다.

시카고로 돌아온 후, 나는 다시 짐을 쌌다. 이번에는 6개월치였다. 처음으로 혼자 떠난 유럽 여행은 나에게 더 멀리, 더 오래 떠날 용기를 주었다.

한 번 더 원룸 아파트를 내놓고 한국행 비행기에 올랐다. 당초 계획은 한국을 거점으로 삼고 아시아 여러 나라를 여행하는 것이었다. 맨 처음 인도를 시작으로 캄보디아로 배낭여행을 이어 갔다. 그리고 그다음으로 방문할 나라들을 찾아보고 있었는데, 예상치 못한 계기로 모든 계획이 바뀌었다. 소프트웨어 엔지니어인 남동생이 서울에서 열린다는 스타트업 위크엔드Startup Weekend라는 글로벌 해커톤 소식을 알려준 것이다.

이 대회는 주말 동안 낯선 사람들이 모여 스타트업 아이디어를 제안하고, 팀을 꾸린 뒤, 전문가들 앞에서 프로토타입을 발표하는 행사였다. 나는 별다른 기대 없이 그저 호기심에 참석하기로 했다. 실제로 행사에서 다른 사람들의 아이디어를 듣는 것만으로도 내 안의 무언가가 꿈틀거리기 시작했고, 충동적으로 나도 아이디어를 발표해보기로 결심했다. 사람들이 여행 중 찍은 사진의 위치와 시간 정보를 활용해, 갤러리처럼 사진을 모으면서 동시에 여행 가이드 역할도 할 수 있게 한 앱이었다. 내 여행 사진이 단순한 기록을 넘어, 다른 여행자들에게 영감이나 정보가 될 수 있으면 좋겠다고 생각했다. 놀랍게도 내 아이디어에 동참하고 싶다는 사람들이 모이기 시작했고, 우리는 팀을 꾸렸다. 결과적으로 최고의 해커상 Best Hack Award 을 수상하게 되었다.

 이를 계기로 자연스럽게 서울의 스타트업 커뮤니티 안으로 들어가게 되었다. 한 스타트업 대표이자 행사 어드바이저로 일하던 분은 나에게 자사 웹사이트 리디자인에 관심 있냐고 묻기도 했다. 그밖에 다양한 분들이 커피 한잔 하자며 말을 걸어왔고, 더 많은 행사와 사람들을 소개해주었다. 어느새 나는 서울에서 몇몇 스타트업의 프리랜서 디자이너로 일을 하게 되었다.

 그러던 중 창업자 한 분과 만나게 되었는데, 우리는 함께 그래픽디자인이 프린트된 아이폰 케이스 사업을 시작해보기로 했다. 그저 사이드 프로젝트로 시작한 일이었지만, 더 크게 성장할 수 있는 일인지 실험해보고 싶었다.

 우리는 웹사이트를 만들고, 제품을 소싱하며, 사업의 뼈대를 세워 갔다. 그 과정에서 나는 다시 시카고로 돌아와 원격으로 일했고, 프리랜서로 다른 일도 병행했다. 그때 정말 다양한 일들을 해봤는데, 모두 평소 호기심을 갖고 있던 것들로 '언젠가 한번

쯤은' 해보고 싶던 일들이었다. 가족이 소규모로 운영하는 베이커리의 웹사이트 디자인부터 대형 에이전시와 함께 콜스Kohl's, 할리데이비슨Harley-Davidson 같은 브랜드의 모바일 앱이나 마케팅 캠페인을 진행하기도 했다.

따지고 보면 그 Year-off 동안 나는 거의 쉬지 않고 일했다. 집세를 마련해야 하기도 했고, 프리랜서 자격이었지만 함께 일하게 된 스타트업의 성장도 중요했기 때문이다. 물론 동시에 내 디자인 기술을 더 연마할 수 있는 기회라는 생각도 있었다.

그러나 마음 한구석에서는 계속해서 불안한 목소리가 들려왔다. '정규직 일을 그만두고 경험하는 이런 일들이 결국 내 커리어를 망치는 건 아닐까?' 친구들은 직장에서 경험을 쌓고 승진의 사다리를 밟고 있는데, 나는 이력서에 또 하나의 공백을 남기게 될까 봐 걱정됐다. 이미 지난 직장에서 해고된 경험이 있었기에 더 뒤처지는 건 아닐까 두려웠던 것 같다.

그럼에도 나 자신과 한 가지 약속을 했다. '딱 1년만 이 길을 걸어보자.' 만약 잘 안 된다면, 다시 에이전시로 돌아가 처음부터 다시 시작하면 된다고 믿었다. 그게 최악의 시나리오는 아니라고 애써 생각했다. 그러고서 나는 한 가지 마음가짐에 집중했다. '과감한 믿음radical faith'. 배우고, 경험을 쌓고, 이야기를 만들기만 한다면, 이 여정은 결국 나를 의미 있는 곳으로 이끌어줄 거라고 믿기로 했다.

우연투성이
Year-off를 마치고

호기심이 이끈 다양한 탐험의 해가 끝나갈 무렵 나는 두 가지 중요한 결정을 내렸다. 하나는 노르웨이로 이주하는 것이었고, 다른 하나는 UX 디자인 분야로 커리어를 전환하는 것이었다. 이런 결정을 내리게 된 배경에는 북유럽에서 경험한 것들이 한몫했다.

   오슬로에서 만났던 한 친구와의 관계는 이후에도 계속 이어졌고, 점점 더 깊어졌다. 우리는 함께 인도로 여행을 떠났고, 그 여정은 나에게 많은 것을 일깨워주었다.
   인도에서는 하루에도 몇 번씩 사기를 당할 뻔했다. 그럴 때마다 나는 점점 더 냉소적이고 방어적으로 변해 갔는데, 함께한 그 친구는 어떤 상황에서도 항상 친절한 태도를 유지했다. 나는 길거리에서 사람들과 싸우는 전사가 된 기분이었지만, 친구는 침착함을 잃지 않았다. 사람들이 무례하고 거칠게 다가올 때도 "아마 오늘 무척 힘든 하루를 보냈나 봐"라고 했고, 결국 우리가 사기를 당해 돈을 잃었을 때도 "그들은 우리보다 그 돈이 더 절실했을 거야"라는 말로 나를 위로했다. 당시 나는 직장 생활을 하며 모은 돈으로 여행 중이었고, 그는 대학원을 갓 졸업한 상태라 나보다 가진 것이 별로 없었다.

대체 그 친구는 어떻게 그런 태도를 갖게 된 걸까? 그가 자란 환경과 문화가 궁금해졌다. 그리고 나도 그런 마인드를 가진 사람이 되고 싶다는 목표가 생겼다. 정말이지 그처럼 관대하고 여유 있는 시선을 갖고 싶었다.

그때 나는 버킷리스트 중 하나인 '유럽에서 살아보기'를 시도해보기로 마음먹었다. 원래는 프랑스나 스페인처럼 예술과 열정이 넘치는 나라에서 살게 될 줄 알았다. 게다가 스칸디나비아에 대해서는 잘 알지 못했는데, 당시의 Year-off 경험을 통해 내가 진짜 원하는 곳이 바로 여기일지 모르겠다는 생각이 들었다.

오슬로에 있는 회사들에 이력서를 넣기 시작했다. 마침 '북유럽의 IDEO'로 알려진 덴마크 디자인 컨설팅 회사 디자인잇 Designit이 오슬로 지사를 새롭게 오픈하면서 첫 UX 및 비주얼 하이브리드 디자이너를 찾고 있었다(UX는 사용자가 제품이나 서비스를 경험하는 방식을 디자인하는 '사용자경험'을 의미한다). 나는 1년간 프리랜서 프로젝트와 스타트업 경험, 그리고 개인 프로젝트를 통해 쌓아온 포트폴리오를 제출했다. 다양한 경험이 혼합된 나의 이력은 이 하이브리드 직무에 딱 맞았다.

그때 깨달았다. 지난 1년간의 과감한 결정들이 나의 커리어를 더욱 강화했다는 것을. 단순한 시각 디자인을 넘어 UX와 제품 전략까지 포괄하는 경험들을 쌓게 되었으니 말이다. 1년 전의 포트폴리오로는 이 자리에 지원조차 할 수 없었다. 무엇보다도 1년 동안 내가 감수한 위험과 쌓아온 스토리들 덕분에 다른 지원자

들보다 돋보일 수 있었다. 내 스토리는 강력한 경쟁력이 되었고, 사람들은 결국 스토리에 끌린다는 것을 그때 직접 확인하였다.

결과적으로 당시 나는 두 개의 제안을 받았다. 하나는 오슬로의 디자인잇에서의 UX 디자이너 직무였고, 다른 하나는 미국 시카고의 사피엔트니트로SapientNitro에서 시니어 아트 디렉터로 일하는 자리였다. 이 회사는 할리데이비슨 같은 브랜드를 고객으로 두고 있었고, 1년 전의 나였다면 그 자리를 '꿈의 직장'이라고 여겼을 것이다. 하지만 Year-off는 나를 변화시켰고, 그래서 새로운 목표가 생긴 참이었다.

1. UX 디자이너로 일하고 싶다.
2. 북유럽에서 살며 그들의 문화와 사고방식을 배우고 싶다.

그래서 나는 오슬로를 선택했고, 이후 2년 반 동안 그곳에서 살아보았다.

Year-off는 이후
10년을 어떻게 바꾸었는가

첫 번째 Year-off는 계획되지 않은 우연이었다. 한 달 정도 충동적으로 떠난 여행이 6개월이 되었고, 결국 1년이 되었다. 그리고 그 1년이 내 인생을 바꾸어 놓았다. 시작은 마치 세상이 무너지는 듯한 해고였지만, 돌이켜보면 그것이 변화를 위한 씨앗이자 나 자신과 세상을 깊이 배우게 만든 계기였다.

1. **느리게 가야 멀리 간다**

   나는 종종 주변 사람들에게 오슬로에서 보낸 2년 반이 내 인생에서 가장 중요한 시기였다고 말한다. 그 시간은 내가 인생에서 '성공'을 어떻게 정의할 것인지에 대한 관점을 바꾸어 놓았다. 오슬로는 '적을수록 더 많다 Less is more'는 철학을 가르쳐주었고, 삶과 디자인 모두에서 진정한 퀄리티는 '천천히' 갈 때 따라온다는 것을 일깨워주었다. 아직 20대였던 젊은 시절에 이런 교훈을 얻을 수 있어서 정말 감사했다.

2. **창업가형(제로 투 원) 프로젝트에서 강점 발휘**

   Year-off 동안 다양한 스타트업과 일해본 경험은 오슬로 지사가 노르웨이 시장에서 기반을 다지고 고객을 확보하기 위한 피칭을 할 때 큰 도움이 되었다. 나는 새로운 제품과 비즈니스 콘셉트를 시각화하며 회사의 영업 활동을 도왔다. 이 경험은 훗날 메타에서 신제품 팀에 참여하거나, 리더로서 새로운 팀을 구성하는 역할을 맡았을 때도 유용하게 쓰였다.

3. 자연은 나의 필수 회복 자원

　노르웨이에서 나는 시카고에서 놓치고 있던 것, 즉 정신 건강에 필수적인 어떤 것을 발견하였다. 시카고는 산이 없는 평지이지만, 노르웨이는 울창한 숲과 바다로 둘러싸여 있다. 그곳에서 자연과 더 많이 접촉하면서 비로소 자연이 정신 건강에 어떤 영향을 주는지 몸소 체감할 수 있었다. 그 이후로 자연은 내 삶에 '없으면 안 되는 조건'이 되었다. 나중에 실리콘밸리에서 일할 때나, 팬데믹 동안 뉴욕에서 힘든 시기를 보낼 때에도 나는 항상 산으로 향했고, 자연에서 회복할 수 있었다.

4. 나의 진짜 자아는 내향형

　나는 평생 내가 외향적인 사람이라고 생각했다. 하지만 노르웨이에서 처음으로 '내향적인 성향'이 나의 진짜 모습이라는 사실을 받아들일 수 있었다. 나는 단지 '외향적인 사람을 칭찬하는 문화(수전 케인 Susan Cain의 책 《콰이어트 Quiet》 참고)'에서 살아남기 위해 외향적으로 행동했던 것 같다. 어릴 적 이사를 다주 다녔기 때문에 새로운 친구를 사귀려면 '호감 가는 사람'이 되어야 한다고 생각했고, 그게 점점 나의 페르소나가 되었다. 하지만 내향성을 중시하고 침묵과 경계를 존중하는 노르웨이에서 나는 새로운 것을 경험하였다. 처음으로 내 본연의 내성적인 모습으로 온전히 편안함을 느낄 수 있었다.

5. UX와 빅테크로의 커리어 전환 목표

창업가형 프로젝트 경험과 UX 분야로의 전환은 실리콘밸리의 빅테크 기업에서 일해보고 싶다는 새로운 목표를 심어주었다. 그뿐만 아니라, 실제로 그 목표를 달성하는 데도 큰 도움이 되었다. 내가 전문적으로 성장하고 싶은 분야가 무엇인지를 좀 더 명확히 알게 되었고, 그에 맞는 기술과 포트폴리오를 쌓을 수 있었다. 만약 시카고에서 마케팅 중심의 디자인 에이전시에 그대로 머물렀다면, 글쎄, 과연 같은 기회를 얻을 수 있었을지 장담할 수 없다.

노르웨이에서 살고 그곳의 회사에서 일하면서 배운 교훈들은 이후의 삶을 이끄는 원칙이 되었다. 유럽 여행, 스타트업 도전, 한국에 있는 가족과 시간 보내기, 해외에서 살아보기 등의 다양한 모험을 마친 나는 이제 다시 몰입할 준비가 되어 있었다. 호기심이 충족된 나는 다시 안정된 직장 생활을 받아들이고 실리콘밸리로 건너가 새로운 디자인 경력을 쌓는 데 집중했다.

물론 노르웨이를 떠나는 것은 쉽지 않았다. 그곳은 내가 처음으로 진정한 나로서 '안전하다고 느낀' 장소였기 때문이다. 하지만 실리콘밸리의 3대 빅테크 기업에서 일할 수 있는 기회가 찾아왔고, 나는 그 도전을 선택했다. 20대와 30대 초반에 에너지와 추진력이 있을 때 도전해야 할 일이라고 생각되어 다소 시간이 촉박하게 느껴지기도 했다. 언젠가 다시 북유럽의 삶으로 돌아갈 수도 있다고 생각했고, 지금은 기술 혁신의 중심에서 할 수 있는 경험들을 놓치고 싶지 않았다.

    결국 나는 메타에서 디지털 프로덕트 디자이너로 일하게 되었고, 이 기회는 오슬로에서의 경험 덕분에 가능했다. 그리고 오슬로에서 일할 수 있었던 건, 나의 우연한 Year-off 덕분이었다.

10년에 한 번씩,
주기적인 인생 프로젝트로

20대 초반, '이 선택이 나중에 나에게 불이익으로 작용하지 않을까' 하는 두려움을 안고 1년의 Year-off를 선택했다. 하지만 결과는 정반대였다. 스티브 잡스의 유명한 명언이 있다.

"우리는 앞으로 펼쳐질 점들을 연결할 수는 없다. 오직 과거에 지나온 점들을 연결할 수 있을 뿐이다. 그러니 당신이 지나온 점들이 미래에 어떻게든 연결될 것이라는 믿음을 가져야 한다."

나는 이 말을 진심으로 이해하게 되었다. 직장을 잃고, 유럽으로 혼자 떠나고, 서울에서 프리랜서를 하다가 노르웨이로 이주하고, 다양한 새로운 사람들과 인연을 맺은 그 해에 나는 이 모든 점들이 어떻게 연결될지 전혀 알 수 없었다. 하지만 10년이 지나고 나서야 그 모든 점들이 의미 있는 선으로 연결된 것을 명확하게 볼 수 있었다.

잡스의 명언은 결국 점들이 어떻게 연결될지 알 수 없을 때에도 계속 앞으로 나아갈 용기를 가지라는 의미 아니었을까. '그해'는 단순히 일어난 사건들의 나열이 아니었다. 그것은 이후의 삶에 펼쳐지는 다양한 일들의 소중한 '씨앗'이었다.

나는 그 1년을 내 30대를 위한 선물로 여겼고, 그래서 다시 한 번 비슷한 경험을 해보고 싶다는 생각이 들었다. 마치 봄맞이 대청소를 하듯 주기적으로 내 삶을 뒤흔들어보고 싶었다.

우리의 삶을 장미 정원이라고 상상해보자. 그 아름다움을 유지하려면 정기적으로 다듬고 관리해야 할 필요가 있다. 돌보지 않으면 잡초가 무성해지고, 가시는 더 날카로워지며, 누구에게도(심지어 자기 자신에게도) 즐거움을 줄 수 없을 것이다.

의도적인 멈춤의 힘

내 인생에서 Year-off를 주기적으로 가져야겠다는 생각을 하게 된 배경에는 한 가지 인상적인 장면이 존재한다. 2008년, AIGA American Institute of Graphic Arts 콘퍼런스에서 내가 가장 좋아하는 그래픽 디자이너 스테판 사그마이스터 Stefan Sagmeister의 강연을 들

을 기회가 있었다. 강연 제목은 '타임오프의 힘The power of time off'이
었다.

그는 우리의 삶은 일반적으로 25년간의 '배움 기간(Learning)'과 그다음 40년간의 '일하는 기간(Working)', 그리고 마지막으로 약 15년의 '은퇴 기간(Retiring)'으로 나눌 수 있다고 설명했다.

```
        LEARNING              WORKING            RETIRING
0 ·················· 25 ································ 65 ············ 80
```

그는 커리어 초반에 디자인과 음악에 대한 열정을 발휘하며 신나게 일했지만, 어느덧 익숙해짐과 동시에 지루함이 찾아왔고, 그 반복적이고 단조로운 일상이 작업의 질에도 영향을 미치기 시작했다고 고백했다. 그때 스스로에게 물었다. "은퇴 기간을 줄이고, 경력 전반에 걸쳐 정기적으로 휴식을 취하면 어떨까?" 그러니까 15년의 은퇴 기간 중 5년을 미리 당겨와서 40년의 일하는 기간 사이사이에 넣어보는 상상을 했다.

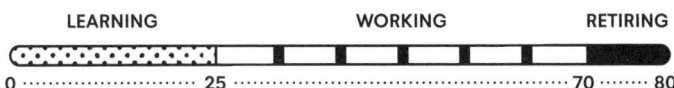

그렇게 그는 '7년마다 1년씩'이라는 인생 실험을 시작했다. 실제로 2008년 발리에서 보낸 안식년에는 그 지역만의 재료를 사용해 새로운 작업을 하고, 영감을 주는 사람들을 만나 성장했다고 한다. 그 작업들은 나중에 미술관에 전시되었고, 영화로도 제작되었다.

이 이야기는 나에게 큰 영감을 주었다. 그래서 우연히 얻게 된 첫 번째 Year-off를 내 인생의 주기적인 프로젝트로 삼고, 의도적인 멈춤을 통해 내 삶을 점검하고 다시 설계하는 시간을 갖기로 한 것이다.

그리고 나에게는 10년에 한 번 나를 탐구하는 1년의 시간을 갖는 것이 가장 좋은 리듬이라고 생각했다. 스물다섯 살에 처음으로 일을 멈추고 쉬어 가는 선택을 했던 나는 서른다섯 살이 되면 또 한 번의 휴식을 갖기로 마음먹었다. 앞으로의 10년을 어떻게 살지, 스스로에게 다시 묻고 답할 시간을 갖기 위해서였다.

Questions & Tips

두려움 vs. 이득

모든 중요한 결정에는 불확실성이 따른다. 하지만 두려움에 이름을 붙이면, 그것은 피해야 할 막연한 감정이 아니라, 구체적으로 들여다보고 평가할 수 있는 무언가가 된다.

그렇게 두려움에 이름을 붙인 뒤, Year-off를 통해 얻을 수 있는 이득과 비교해보자. 과연 그 두려움은 잠재적인 이득보다 더 큰 가치가 있는가? 아니면, 그저 당신이 원하는 삶을 가로막는 일시적인 장애물일 뿐인가?

Year-off에 대한 두려움을 구체적으로 적어보자.

1. _____

2. _____

3. _____

이 목록을 들여다보며 스스로에게 물어보라. "이 두려움들은 정말 회복 불가능한 걸까? 아니면 시간이 지나면 다시 회복할 수 있는 것들일까? 이것들이 없는 내 삶은 어떤 모습일까?"

이제 관점을 바꿔볼 차례다.

Year-off를 통해 얻을 수 있는 것들을 상상해보자.

1. _____

2. _____

3. _____

1년 동안 Year-off를 보내고 난 후의 당신을 상상해보라. 그때의 당신은 지금 이 순간을 되돌아보며 어떤 말을 할까? "그때 그 선택을 해줘서 고마워"라고 말할까, 아니면 "왜 그때 결국 그 두려움에 지고 말았을까" 하며 아쉬워할까?
미래의 당신에게 후회 대신 확신을 선물할 수 있도록, 지금 선택을 하자. 나중에 돌아봤을 때 '그때 왜 안 했을까' 하는 생각으로 후회하지 않도록 말이다.

'만약에'라는 사고방식

20대에 나는 "내가 원하는 것은 무엇인가?" "나는 누구인가?" 같은 개방형 질문들을 주로 했다. 하지만 당시 나는 너무 어렸고, 삶의 경험도 참고할 데이터도 많지 않았기 때문에 추상적인 질문들에 답하는 건 결코 쉽지 않았다.

그러다 30대가 되면서 새로운 결론에 도달했다. 해답을 찾는 유일한 방법은 직접 시도해보는 것뿐이라고. 그래서 질문의 형태를 '만약 ~ 한다면?(What-If)' 식으로 바꿔보았다. "내 사업을 시작해보면 어떨까?" "새로운 나라에서 살아본다면?" "가족과 더 많은 시간을 보낸다면?"······

이렇게 '만약에'로 시작하는 가정형 질문들은 내 안의 호기심을 자극했고, 삶의 목표를 다양한 관점에서 생각할 수 있도록 도와주었다. 정답을 찾아야 한다는 압박에서 벗어나, 단지 '어떻게 되는지 지켜보는 것'만으로도 충분했다.

하지만 그렇게 바뀐 나의 태도에 비해, 내가 속한 커리어의 구조는 이를 허용하지 않았다. 회사에서 허락되는 휴가는 길어야 몇 주뿐이었고, 그마저도 회복을 위한 시간으로 쓰거나, 멀리 떨어진 가족과 친구를 만나러 가는 데 사용해야 했다. '나만의 What-If'를 진지하게 실험해볼 시간을 도저히 가질 수 없었다.

하지만 끝내 시도하지 않아서 결국 아무것도 알 수 없게 되는 것, 그 리스크는 너무 크다고 생각했다. 만약 10년이 지난 뒤에도 단 한 번도 '나만의 What-If'를 실험해보지 못한다면 정말 너무 실망스럽고 후회할 것 같았다. 그래서 나는 스스로에게 다시금 상기시켰다. 지금 이 순간 내가 진정으로 소유할 수 있는 것은 오직 '내 미래'뿐이라는 것을 말이다.

1. 이륙 준비

Preparing for Take Off

온전히 현재의 삶에
집중하기 위하여

첫 번째 Year-off를 마치고 삶의 새로운 챕터를 맞이했을 때 몇 년간은 전보다 더 열정과 에너지가 넘쳤다. 늘 '유럽에서 살아보고 싶다' '프리랜서로 자유롭게 일해보고 싶다' '할머니 돌아가시기 전에 더 자주 뵙고 싶다' 등등 끊임없이 떠오르는 욕망과 결핍 때문에 집중할 수 없던 나의 하루하루가 마치 대청소를 한 것처럼 말끔해졌기 때문이다. 잡생각이 사라지면서 '현재의 일과 삶'에 올인할 수 있었다.

그런데 당시 친구나 동료들 중에는 '서른이 되기 전에 하고 싶은 것들'을 주욱 나열하면서 '언젠가는…'을 꿈꾸거나, '안정'과

'새로운 도전' 사이의 갈림길에서 고민하는 이들이 제법 많았다. 메타에 취직하여 샌프란시스코로 이사 왔을 때 처음 만난 동료이자 캐나다계 디자이너 친구인 자라^{Zara}도 그 중 한 명이었다.

자라는 오늘내일 당장 퇴사를 생각할 정도로 현재의 삶에 만족하지 못했다. 직장 관두고 딱 1년만 전 세계를 여행하며 원하는 그림 실컷 그리며 사는 게 꿈인 친구였다. 그녀가 나의 안식년 스토리를 듣고 눈이 똥그래진 것은 당연했다. 대학을 졸업하자마자 글로벌 IT 기업에 취직이 되었으니 주변에선 다들 부러워했지만 정작 본인은 젊었을 때 더 넓은 세상을 직접 경험하고 싶었다. 한번 이런 생각에 사로잡히고 나니 본업에 대한 흥미도 점차 사라지기 시작했다.

하지만 자라는 이런 고민을 털어놓을 데가 마땅히 없었다. "남들이 부러워할 만한 일을 하고 있는데 감사하면서 살아야지" 하는 반응이 일반적이었다 보니 정작 그녀의 갈망은 속에서 꽤 오랫동안 곪고 있었다. 하루에도 몇 번씩 '난 세상을 경험하고 싶고, 그림을 그리고 싶어!'와 '아니야, 이런 직장을 내 발로 나가는 건 미친 짓이지'를 반복하면서 말이다.

나는 자라에게 조언했다. "2년 후엔 무조건 떠난다고 결정을 해버리는 게 어때? 그리고 2년 동안은 정말 딴생각 않고 오로지 현재의 삶에만 집중하는 거야." 결정을 미루며 계속 고민만 하는 대신, 떠나겠다고 마음을 정해 두면 내면의 혼란에서 벗어나 현재에 집중할 수 있을 거라고 믿었기 때문이다. 내가 그랬듯이 말이다.

실제로 자라는 메타에서 프로덕트 디자이너로 딱 2년을 더 근무하고 퇴사해 세계 여행을 떠났다. 중간에 포르투갈에서 3개월쯤 머물며 원하던 그림도 실컷 그리고 다양한 직업인과 아티스트들을 만나 대화도 많이 나눴다고 한다. 그렇게 1년여의 안식년을 마무리할 즈음 그녀는 예상치 못한 결정을 내렸다. 미국으로 돌아가는 대신, 부모님 가까이에서 지내기 위해 캐나다로 이주하기로 한 것이다. 그리고 프로덕트 디자인에서 미술 치료의 길로 커리어도 전환했다. 안식년 기간 동안 경험하고 배운 것들을 바탕으로 새로운 길을 모색한 결과였다. 그녀는 대학원에 진학해 석사 과정을 밟았고, 정식 미술 치료사 자격증도 취득했다.

캐나다에서 자라를 다시 만났을 때 그녀는 눈에 띄게 달라져 있었다. 얼굴에는 비로소 무거운 짐을 내려놓은 듯 만족감과 여유가 가득했다. 문득 우리가 처음 만났을 때가 떠올랐다. 첫 번째 Year-off를 마치고 3~4년이 지났을 때였나. 그때의 나는 모든 결핍을 해소해서 후련한 상태였고, 믿기 어렵겠지만 회사 일도 마냥 신선하고 재밌기만 했다. 그런데 지금은 어떤가. 시간이 흘러 이제 또다시 새롭게 자라난 결핍과 갈망들을 채울 때가 찾아온 것 같았다.

또 한 번
떠나야 할 때가 왔다

두 번째 Year-off를 앞두고, 나는 메타 AI의 수석 디자인 매니저로 일하고 있었다. 이제 제품을 직접 디자인하기보다는, 팀과 프로세스를 설계하는 것이 핵심 업무가 되었다. 10여 년을 실무자로 일해온 나에게 이런 역할은 항상 꿈꿔온 것이기도 했다. 수십억 명의 사용자에게 영향을 주는 일, 세상을 더 의미 있게 연결하겠다는 미션, 구성원의 성장을 돕는 일….

하지만 그런 보람과는 별개로 일상에서 느끼는 스트레스나 트러블은 의외로 사소해 보이는 다른 것들에서 비롯되었다. 출퇴근 거리, 팀원들과의 관계, 혼자만의 시간을 확보할 수 있는지 여부 등이 나의 하루하루에 직접적인 영향을 끼쳤다. 날마다 사무실까지 왕복 세 시간 가까이 통근해야 했고, 매니저로 승진한 이후에는 나만의 시간을 갖기보다 팀원들과 소통하고 그들의 문제를 해결하는 데 훨씬 더 많은 시간을 보내야 했다. 회사가 급속도로 성장하면서 압박감은 커졌고, 창의적인 사고나 새로운 시도를 할 수 있는 기회는 점점 줄어들었다. 물론 회사가 그것을 막은 건 아니었지만, 현실적으로 점점 더 어려운 일이 되어 갔다.

"아, 때가 왔구나!" 지금 일하는 방식이나 라이프스타일이 더 이상 지속 가능하지 않다는 것을 깨달았다.

이미 나는 10년에 한 번 Year-off를 갖기로 결심한 터라 어찌 보면 자연스럽게 그 두 번째 타이밍이 돌아온 것이었다. 사실 1~2년 전부터 구글Google, 트위터Twitter, 스포티파이Spotify 등 매력적인 기업들로부터 러브콜을 받았지만 모두 거절했다. 당시 2021년 즈음으로 계획한 Year-off를 생각하면 새로운 곳에 가봐야 경력과 신뢰를 쌓기엔 시간이 애매하다고 생각했기 때문이다.

    친구 자라에게 조언했던 것처럼, 떠날 날짜를 마음속으로 정해 놓았기 때문에 결정에 대한 고민과 고통은 별로 없었다. 그렇다면 지금의 이 피로함은 어디서 온 것일까? 단순히 일이 많았다거나 하는 것들은 적어도 나에겐 정확한 진단이 아니었다. 나는 그 원인을 제대로 들여다보고 싶었다.

    나에게 안식년이란 '쉼'이 아니라, 나의 갈망과 결핍을 직시하는 시간이고, 다음 챕터의 삶은 내가 원하던 삶에 더욱 가까워지도록 하기 위한 모험의 시간이기 때문에 나의 현재 감정과 아픔을 제대로 이해하는 것이 중요했다. 나는 분명 하고 싶은 일을 하고 있는 것 같은데, 갑자기 다 때려치우고 싶은 마음이 생긴 이유는 대체 뭘까? 왜 나는 이렇게 자주 아픈가? 나에겐 어떠한 변화가 필요한 걸까? 좀 덜 아프고 더 만족하며 살기 위해서는 현재의 일상에서 어떤 요소를 제거하고 어떤 새로운 것들을 더 해야 하는 걸까? 경계 없는 질문들을 스스로에게 던지며 내 안의 목소리를 들어보기로 했다.

나를 이해하기 위한 훈련들

내가 진짜로 원하는 삶이 무엇인지를 알아차리는 데 결정적인 도움이 된 네 가지 테마가 있다.

+ 고통의 신호(The signals of pain): 몸과 마음 어디가 아픈 것은 내면의 욕구가 보내는 메시지라는 것을 알아차린다.
+ '내면 아이'의 기쁨('The inner child's joy): 어린 시절에 시간 가는 줄 모르고 했던 것들, 그때 느꼈던 본능적인 기쁨과 열정을 떠올리며, 그 감각을 회복하려 노력한다.
+ '만약 다른 인생을 살 수 있다면, 나는 무엇을 하고 있을까?'('If I

lived another life, what would I be doing?'): 지금과 다른 삶을 살 수 있다고 상상하면서, 내 안에 숨어 있던 진짜 욕망을 발견한다.

+ **내가 부러워하는 사람들(The people I envied)**: 어떤 직업, 성향, 또는 라이프스타일이 내 마음을 뒤흔드는지를 살피며, 그 감정의 정체를 파헤친다.

이러한 네 가지 인사이트는 수년간 나 자신에 대한 의도적인 관찰과 스스로에게 귀 기울이는 훈련을 통해 다져온 것인 만큼, 하나씩 조금만 더 살펴보기로 하자.

고통의 신호:
스트레스의 근본 원인 치유하기

내가 배운 가장 중요한 교훈 중 하나는, 고통은 우리 몸이 보내는 중요한 신호라는 것이다. 지금 무언가 잘못됐으니 주의를 기울이고 바로잡으라는 몸의 메시지다. 우리의 몸과 마음은 깊게 연결되어 있다. 《내 안의 어린아이가 울고 있다 How to Do the Work》 저자 니콜 르페라 Nicole LePera 박사는 정신 건강이 어떻게 신체 질환으로 발전할 수 있는지 설명하고 통합적인 치유의 중요성을 강조한다. 그녀는 "서양 의학으로 단기에 증상만 억누르면, 그것은 결국 다른 방식으로 재발하기 마련"이라고 지적한다. 진짜 치유를 위해서는 근본 원인을 들여다봐야 하며, 그 원인은 대개 인간관계나 일, 라이프스타일 등의 문제에서 비롯된다.

나는 2017년부터 과민성대장증후군[IBS], 역류성 식도염, 불면증 등 다양한 증상으로 고생했다. 처음엔 원인을 몰랐지만, 나중에야 이 모든 것이 스트레스에서 비롯됐다는 사실을 알게 되었다. 관련 책을 읽고, 조언을 구하고, 병원을 찾아다니면서 스트레스가 몸 안에 염증을 유발하고, 소화와 수면, 전반적인 신체 기능을 방해한다는 것을 알게 되었다. 또한 스트레스는 특정 음식을 더 찾게 만드는 원인이 되어 악순환을 부추기기도 했다.

따라서 당장의 증상을 없애는 치료만으로는 부족하며, 근본적으로 라이프스타일을 바꿀 필요가 있었다. 인지행동치료[CBT], 침술, 요가, 명상, 근력 운동, 식단 조절 등 여러 방법을 시도했다. 동시에 내 일상을 찬찬히 들여다보며 스트레스의 근본 원인을 찾아보기 시작했다.

그중 하나는 시간 사용의 불균형이었다. 나는 하루 시간의 80% 이상을 다른 사람들과 보내고 있었다. 팀을 이끌고, 문제를 해결하는 데 대부분의 시간을 썼다. 반면 창의적인 사고나 개인적인 성찰에 쓰는 시간은 고작 20%도 안 되었다. 사람들과 어울리는 것도 좋았고, 리더로서 영향력을 발휘하는 일도 보람 있었지만, 끊임없는 사회적 상호작용은 내 에너지를 소진시켰다. 노르웨이에서 일할 때는 나의 내향적인 기질이 온전히 받아들여지는 환경이었는데, 그런데 지금은 타인의 문제를 끌어안는 역할이 대부분이었고, 정작 나에게는 상황을 바꿀 수 있는 권한도 능력도 부족했다. 도와주고 싶은 마음과 실제로는 그럴 수 없는 현실 사이의 간극이 큰 스트레스로 다가왔다.

또 다른 스트레스의 근원은 '슬픔'이었다. 특히 부모님과 함께할 수 있는 시간이 유한함에도 불구하고 충분한 시간을 보내지 못한다는 것이 나를 슬프게 했다. 가족과 멀리 떨어져 있는 미국에 살다 보니 짧은 휴가를 이용해 한국을 오가는 것으로는 늘 부족했다.

궁극적으로 나는 삶의 우선순위를 다시 정해야겠다고 생각했다. 사람들과 보내는 시간을 줄이고, 나 자신을 위한 시간을 더 많이 확보하고, 한국에 계신 부모님과 더 많은 시간을 보내는 삶, 그런 라이프스타일을 진심으로 갈망했다.

'내면의 아이'가 알려주는
삶의 진실

메타에서는 관리자들을 위한 다양한 리더십 교육과 역량 프로그램을 제공했다. 그중 일부는 업무를 넘어 내 삶 전반에 깊은 영향을 주었다. 많은 리더십 교육에서 공통적으로 강조하던 주제는 '자기 인식 self-awareness의 중요성'이었다. 결국 좋은 리더십이란 자신을 더욱 잘 이해하는 데서 시작된다.

그중에서도 특히 큰 울림을 준 수업은 '강점 찾기 strengths finder'라는 프로그램이었다. 이 과정의 핵심은 단순하지만 강력한 개념, 즉 '개인의 강점에 맞는 일을 할 때, 개인도 회사도 함께 성장할 수 있다'는 것이었다. 본인에게 가장 잘 맞는 일을 할 때 사람들은 더 좋은 성과를 내고, 만족감도 높아지며, 조직 입장에서는 우수한 인재를 유지할 수 있다.

이런 맥락에서 우리는 강점을 파악하는 다양한 실습을 진행했다. 그 과정에서 나왔던 인상 깊은 질문들이 있다.

+ 어릴 적, 누가 시키지 않아도 몇 시간이고 몰두할 수 있었던 일은 무엇이었나?
+ 시간 가는 줄 모르고 빠져들었던 활동은 무엇인가?
+ 걷잡을 수 없이 분노한 순간이 있다면, 어떤 상황이었고 왜 그런 감정을 느꼈는가?

이 질문들은 우리가 본능적으로 끌리는 것, 그리고 매우 신경 쓰는 것이 무엇인지 되돌아보게 해준다. 많은 사람들이 강한 긍정적인 감정을 '자신의 소명'으로 인식하곤 한다. 하지만 나는 이 수업을 통해 강렬한 부정적인 감정 또한 중요한 단서가 될 수 있다는 사실을 새롭게 깨달았다. 이런 감정들은 우리가 무엇을 소중히 여기고, 무엇을 바꾸고 싶어 하는지 알려주기 때문이다.

내 어린 시절을 되돌아보며 확실히 알게 된 사실들이 있다.

1. **창의성에 본능적으로 끌렸다.**

   그림 그리기를 가장 좋아했고, 손으로 무언가를 만드는 걸 즐겼다. 말이 서툴던 유아기에는 즉흥적으로 노래를 만들어 부르곤 했는데, 부모님이 남겨 둔 영상 속 나는 실제로 가사도 없는 노래를 신나게 부르고 있었다.

2. **리더십에 관심이 많았다.**

   여자아이들로만 구성된 자전거 팀을 만들어 남자아이들과 경쟁하거나, 반장이 되거나, 친구들과 어울릴 때 정교한 스토리를 만들어 역할을 분배하고 이끌어 가는 걸 좋아했다.

3. **이유 없는 규칙에 의문을 던졌다.**

   단지 통제를 위해 존재하는 규칙, 사람들에게 상처를 주는 규칙은 받아들이기 힘들었다. 왜 그런 규칙이 존재하는지 알고 싶었고, 이해할 수 없는 것에는 저항감을 느꼈다.

   이 조각들을 하나로 엮어보니 다음과 같이 정리할 수 있었다. "나는 늘 창의성과 주체성을 발휘하는 것이 중요했고, 아주 어릴 적부터 내 방식대로 살아가고자 하는 본능이 있었다."

다른 삶을 살 수 있다면,
나는 무엇을 하고 있을까?

메타처럼 빠르게 성장하는 기업에서 팀을 이끄는 일은 끊임없이 새로운 사람들이 합류한다는 뜻이기도 했다. 그 덕분에 아이스브레이킹, 즉 서로를 알아가는 시간을 가질 기회도 많았다. 그때 진정으로 사람을 연결하는 아이스브레이킹이란, 단순한 자기소개를 넘어 인간적인 교감을 나누게 해주는 질문이라는 사실을 배웠다. 잘 설계된 아이스브레이킹은 팀원들이 심리적 안정감을 느끼고, 더 솔직하고 의미 있는 대화를 나누도록 돕는다. 그중에서도 내가 가장 좋아했던 질문은 이것이다.

"만약 지금 이 일을 하고 있지 않다면, 무엇을 하고 있을 것 같나요?"

이 질문에 대한 답은 대부분 어릴 적 꿈이나, 돈은 안 되지만 진심으로 좋아했던 취미가 반영된 경우가 많았다. 우리 팀에도 푸드 칼럼니스트, 정리 수납 인플루언서, 빈티지 자동차 정비사나 수집가가 되고 싶다는 등 다양한 이야기들이 있었다.

생각보다 많은 사람들이 직장 생활을 하며 한 번쯤은 이런 고민을 한다. "이 일이 내 천직인가?" 만약 대답이 '아니오'라면, 마음속에 서서히 불만이 쌓이기 시작한다. 하지만 정말 소수만이 그다음 질문으로 나아간다. "그렇다면 나는 무엇을 하고 싶은가?"

많은 사람들이 지금의 삶에서 '도망치고 싶은 이유'는 알지만, '어디로 가고 싶은지'는 잘 모른다. 이 질문이 강력한 이유는, 사람들로 하여금 자신의 진짜 관심사를 말로 표현하게 만들고, 그 과정을 함께 나누게 해주기 때문이다. 어쩌면 처음으로 스스로의 욕망을 들여다보는 계기가 되기도 한다.

이 질문에 함께 답하면서 팀원들 간의 연결이 훨씬 깊어졌다. 그 순간부터 우리는 단순한 직장 동료가 아니라, 자신만의 꿈과 갈망을 품은 '사람'으로 서로를 바라보게 되었다. 사무실이라는 공간 너머까지 연결된 느낌이었다.

이 질문에 대해 내가 떠올린 답변은 영화 감독, 디자인 큐레이터, 예술 전문 서점 겸 카페의 주인까지 다양했다. 그렇게 다양한 상상을 하다 보니 어느 순간 공통된 패턴이 보이기 시작했다. 나는 내 일의 '주도권'을 내가 쥐고서 '창의적으로' 일하고 싶은 사람이었다. 궁극적으로 내가 정말 원하는 것은 원하는 시간에 원하는 프로젝트를 진행할 수 있는 '유연함'이었다.

나의 추구미:
크리에이티브한 창업가들

오슬로에 살던 시절, '크리에이티브모닝CreativeMornings'의 오슬로 지부를 설립하고 2년 동안 호스트이자 운영자로 활동한 적이 있다. 크리에이티브모닝은 전 세계 주요 도시에서 매달 아침에 열리는 강연 시리즈로, 창의적인 사람들이 커피 한 잔을 곁들여 다양한 강연을 듣는 자리다. 쉽게 말하면 '아침에 열리는 TEDx' 같은 행사라고 할 수 있다.

우리는 매달 다양한 분야에서 활동하는 연사들을 초청해 약 20분간 그들의 이야기를 들었다. 참가비는 없었고, 전적으로 자원봉사로 운영됐다. 따라서 금전적인 보상은 없었지만, 때로는 회사 일보다 더 큰 만족감을 주는 활동이었다.

왜 이 일이 그렇게 행복했는지를 곰곰이 되짚어보았다. 가장 의미 있었던 순간은 단연 연사를 직접 섭외하고, 그들의 이야기를 무대에 올리는 과정이었다. 창의적인 창업가들을 찾아보고, 인터뷰하고, 초대하는 일은 매번 설렘 그 자체였다. 그들의 이야기를 들으며 문득 이런 생각이 들곤 했다. '나도 언젠가는 그들 같은 일을 할 수 있을까?' 그 가능성을 상상하는 순간 말로 다 표현할 수 없는 강렬한 감정을 느꼈다.

내가 초청했던 연사들은 모두 자신이 사랑하는 일을 직업으로 삼은 사람들이었다. 예를 들면 이런 이들이 있었다.

+ 세계 챔피언 바리스타 출신의 로스팅 카페 창업가
+ 오슬로의 아티스트와 작가들을 소개하는 인디 매거진의 발행인
+ 레시피 블로그로 시작해 요리책 베스트셀러를 출간한 푸드 블로거 겸 케이터링 사업가

+ 칵테일 바를 운영하며 세계 챔피언이 된 믹솔로지스트
+ 광고회사 임원에서 아동 도서 전업 작가로 전환한 뒤, 아들과 함께 세계를 여행 중인 아버지
+ 첫 레스토랑 오픈 1년 만에 미쉐린 2스타를 받은 셰프

이들은 모두 제로에서 시작해 자신만의 브랜드를 만들고, 열정을 기반으로 커리어를 구축한 사람들이었다.

크리에이티브모닝의 흥미로운 점은, 각 도시의 연사 구성이 호스트의 관심사와 자연스럽게 닮아 간다는 것이다. 예를 들어 시카고의 호스트는 그래픽 디자이너였고, 대부분의 연사와 청중 역시 디자인 업계 사람들로 구성되었다. 반면 나는, 아빠가 늘 말씀하셨듯, 창의성은 어디에나 존재할 수 있다는 신념을 갖고 있었기 때문에 음식, 커피, 예술, 글쓰기 등 다양한 분야에서 기쁨과 영감을 주는 일을 하는 사람들을 찾아 나섰다.

그들과의 일대일 커피챗은 늘 흥미로우면서도 한편으로는 겸손해지는 경험이었다. 그들의 에너지에 자극 받으면서도, 마음 한편에서는 조용한 갈망이 피어올랐다. '내 차례는 언제쯤 돌아올까?' 이 감정은 질투가 아니라, 깊은 존경과 동경에 가까웠다. 동시에, 현재의 나와 내가 바라는 삶 사이의 거리가 너무 멀게 느껴져 묘한 슬픔이 밀려오기도 했다.

그 경험을 통해 중요한 사실 하나를 깨달았다. 나는 디자이너로서 내 일을 사랑하고 감사하게 생각하지만, 그래도 언젠가

는 진짜 나만의 브랜드와 프로젝트를 만들어내고 싶다는 것이다. 초기 아이디어부터 실행까지 전부 내 손으로 직접 만들어보는, 그리고 그것이 성장해 가는 것을 지켜보는 경험을 원했다. 아직은 '목표'라고 부르기엔 너무 큰 꿈이라, 일단은 그냥 꿈으로 남겨 두기로 했다.

샌프란시스코로 이사한 이후에도 크리에이티브모닝 활동을 이어 갔다. 샌프란시스코 지부에 참여해 연사 섭외와 행사 운영을 도왔고, 이를 통해 IT 업계 바깥의 창의적인 창업가들과의 연결을 유지할 수 있었다. 그것은 내 꿈을 완전히 놓지 않기 위한 수단이기도 했다. 언젠가는 나도 그들처럼 무대 위에 서고 싶다는 바람을 품은 채 말이다.

이 일련의 경험은 내게 중요한 인사이트를 안겨주었다. 나는 '무엇을' 창조하느냐만큼, '어떻게' 일하느냐도 중요하게 생각하는 사람이다. 경직된 구조나 한 직장에서 오래 일하는 것보다는 나만의 시간과 공간을 설계하고 프로젝트를 자유롭게 주도하는 방식이 잘 맞았다.

이러한 깨달음은 나에게 명확한 방향을 알려주었다. 예컨대 '카페를 열겠다' 같은 고정된 목표나 '카페 주인'처럼 직업으로 표현되는 목표 말고, 내가 원하는 삶의 핵심 원칙인 '창의성'과 '유연성'을 탐색하는 데 더 집중하기로 했다. 그리고 나서 그 원칙들과 잘 얼라인된 커리어 옵션들을 탐색해 나가는 게 맞다고 생각했다.

Questions & Tips

진짜 니즈를 파악하기 위한 가이드

일의 의미와 삶의 만족감은 이미 내 안에 존재하는 것과 깊은 연관이 있다. 본능, 어린 시절의 열정, 나에게 영감을 주는 사람들…. 사실 몸과 마음은 이미 수많은 신호를 보내고 있었다. 이제는 그 신호에 귀 기울이는 연습을 해보자.

- 어린 시절의 욕망과 기쁨 다시 들여다보기 -

어릴 때 누가 시키지 않아도 몇 시간이고 몰입했던 일은 무엇이었나?

_____

_____

_____

그 활동의 어떤 점이 그렇게 즐거웠는가?

_____

_____

_____

- 부러움 혹은 존경의 대상 떠올려보기 -

최근에 부러움을 느꼈던 사람 세 명을 적어보자.

_____

_____

_____

그들의 삶이나 일에서 구체적으로 어떤 점이 좋았다고 느꼈는가?

_____

_____

_____

- 점들 연결하기 -

과거의 열정과 지금 부러워하는 요소 사이에는 어떤 공통점이 있는가?

_____

_____

_____

이 요소들이 지금 내 삶에 얼마나 녹아 있는가? 만약 없다면, 무엇이 나를 막고 있는가?

_____

_____

_____

두 번째
Year-off를 위한 계획

이제 나는 내 가치관을 좀 더 명확히 이해하게 되었다. 그래서 두 번째 Year-off에서는 '유연함'과 '창의성'이라는 두 가지 핵심 가치를 깊이 탐색해보기로 마음먹었다.

"세상을 구할 시간이 단 한 시간밖에 없다면, 문제를 정의하는 데 55분을, 그리고 해결책을 찾는 데 5분을 할애할 것이다."

아인슈타인의 이 유명한 말은 '올바른 질문'을 던지는 것이 얼마나 중요한지를 보여준다. 다행히 우리 중 누구도 세상을 구해야 할 책임은 없지만, 각자 자기 자신을 구하는 일은 피할 수 없다. 그러니 우리들 버전의 우주적 질문은 이것이다. "나는 어떤 삶을 살고 싶은가?"

이 질문은 누구도 대신 답해줄 수 없고, 또 그래서도 안 되는 질문이다. 그래서 부담스러울 수도 있지만, 동시에 '선택할 수 있는 자유'라는 특권이 우리에게 주어졌다는 뜻이기도 하다. 나는 이 특권을 허투루 흘려보내지 않기로 결심했다.

이 질문에 답을 찾기 위한 첫 걸음으로 다음과 같은 두 가지 원칙을 세웠다.

1. **'직업'이 아니라 '삶의 방식, 즉 라이프스타일' 측면에서 생각할 것**
2. **내가 원하는 라이프스타일로 살아갈 수 있는 일을 찾을 것**

즉, 남들 보기 좋은 직업이 아니라 내 가치관에 부합하는 일을 찾는다면, 내 삶이 자연스럽게 내가 원하는 모습으로 변화할 것이라는 결론을 내렸다.

우리는 일을 선택하지만, 동시에 일은 우리를 정의한다. 성인이 된 이후 대부분의 시간을 일에 쓰는 만큼, 그 일이 우리에게 주는 감정의 무게는 결코 가볍지 않다. 성취감, 회의감, 기쁨, 번아웃, 그 모든 감정의 뿌리는 결국 '나의 가치관에 맞는 삶을 살고 있는가'에 있다.

그래서 나는 두 번째 Year-off 기간 동안 내 가치관과 이를 지킬 수 있는 일의 형태를 탐색하는 데 '55분'을 쓰고, 그러한 직업을 찾는 데 마지막 '5분'을 쓰기로 했다.

'우리'가 원하는
라이프스타일 함께 찾기

20대에 '우연히' 시도한 Year-off와 달리, 2021년 커리어 중반에 계획한 두 번째 Year-off는 전혀 다른 고민들을 안겨주었다. 보통 커리어 초반에는 모아놓은 돈은 별로 없을지언정 다시 취업할 수 있는 기회는 많다. 하지만 커리어 중반이 되면 재정적으로는 좀 더 안정이 되지만 경력을 인정받아 재취업할 수 있는 문턱은 높아진다. 이런 현실은 불확실성을 더했다.

지난 10년간 나에게도 많은 변화가 있었다. 더는 이케아가 아닌 견고한 디자이너 가구와 물건들을 들여놓기 시작했고, 인간관계와 커리어는 더욱 깊어졌다. 그리고 내려놓아야 할 것이 더 많아진 만큼 2021년의 결단은 결코 쉽지 않았다.

게다가 이번에는 혼자가 아니었다. 결혼한 파트너 마쿠스Markus와 함께 떠나는 여정이었다. 우리는 2015년 여름, 샌프란시스코에서 같은 회사 행사를 통해 처음 만났다. 당시 그는 엔지니어였고, 나는 같은 제품 조직의 디자이너였다. 이후 내가 속했던 메타AI 팀의 확장을 계기로 뉴욕으로 함께 이동하게 되었고,

2021년 그곳에서 결혼했다. 그래서 이번 Year-off는 나 개인만의 미래가 아니라, '부부로서 함께 어떤 삶을 만들어갈 것인가'를 고민해보는 시간이었다.

남편 마쿠스는 독일 바이에른의 작은 마을에서 태어났고, 감정을 쉽게 드러내지 않는 문화 속에서 성장했다. 그리고 나는 'K-장녀'로 자라났다. 한국에서 장녀란 개인의 욕망보다 가족을 우선시해야 한다는 보이지 않는 기대와 책임을 상징한다.

우리 부부는 서로 다른 환경에서 자라온 만큼 서로의 내면을 들여다보고 이해하기 위해 열심히 노력했다. 특히 각자 어떤 니즈를 갖고 있는지 적극적으로 소통하는 편이었는데, '어디서 살 것인가', '몇 명의 자녀를 가질 것인가' 같은 구체적인 현실보다는 공통의 가치관을 중심으로 함께 살아갈 미래를 그려 가는 쪽이었다. 우리 둘이 공유하는 가치관은 이런 것들이었다.

1. 호기심 Curiosity: 새로운 경험을 받아들이는 태도
2. 균형 Balance: 자연, 건강, 삶의 속도를 중시하는 삶
3. 기쁨 Joy: 진심으로 좋아하는 일을 하며 살아가는 것
4. 성장 Growth: 계속 배우고, 변화하며, 시야를 넓히는 삶

이러한 네 가지 가치를 바탕으로, 우리가 함께 중요하게 여기는 삶의 요소들을 다음과 같이 정리했다.

1. 호기심: 이번 Year-off에 유럽에서 함께 살아보기
2. 균형: 산과 자연이 가까운 곳에서 지내기
3. 기쁨: 마쿠스는 도전적인 엔지니어 커리어를, 나는 유연한 창작 활동 중심의 커리어를 만들어 가기
4. 성장: 3개국어(한국어, 독일어, 영어)를 유창하게 익히고, 서로의 문화를 깊이 이해하기

이처럼 우리는 장소나 조건이 아닌, 가치를 중심으로 삶을 설계하고자 했다. 우리가 진심으로 원하는 라이프스타일은 이런 선택들을 통해 조금씩 모습을 드러내기 시작했다.

'어디서 살지'보다 '어떻게 살지' 먼저 선택하기

우리는 어떤 도시에서 살지를 고민하기 전에, 먼저 어떻게 살고 싶은가를 생각해봤다. 그렇게 설정한 기준은 이랬다. 독일어권 도시, 빅테크 기업과 일할 수 있는 기회, 그리고 산이 가까운 곳.
아이를 가질지 말지는 아직 결정하지 않았기 때문에, 그 선택은 30대 후반까지 미루기로 했다. 다만 하나 확실한 것은, 아이를 낳게 된다면 영어(부부가 공통으로 사용하는 언어), 한국어, 독일어, 이 세 언어를 자연스럽게 익히는 환경에서 자라게 하겠다

는 것이었다. 이는 국제 커플 가정에서 흔한 결정이기도 한데, 우리에게 언어 교육은 단순히 실용적인 측면 이상의 의미가 있었다. 서로의 언어를 배우는 것은 서로를 더 깊이 이해하는 데 매우 중요하다고 생각했다. 게다가 '성장'이라는 우리의 공동 가치와도 부합했으며, 외국어 학습은 알츠하이머 예방에도 좋다는 부수적인 이점도 있었다. 결과적으로 우리는 독일어를 사용하는 유럽 도시를 새로운 삶의 터전으로 삼기로 했다.

나는 오슬로에 살던 시절부터 유럽으로 돌아가고 싶은 마음을 품고 있었다. 새로운 것을 배우고 성장하기 위해 실리콘밸리로 떠났지만, 언젠가는 나의 가치관과 더 닮은 곳으로 돌아가리라 마음먹었기 때문이다. 마쿠스도 조건만 맞는다면 유럽행에 열린 자세였다. 그에게 중요한 건 '기술적으로 도전적인 문제를 다룰 수 있는 환경'과 '큰 스케일의 프로젝트'였다.

또한 일 못지않게 중요한 건 '자연과의 연결'이었다. 함께한 수년간 우리는 자주 하이킹이나 캠핑을 했고, 겨울에는 스노보드를 탔다. 계절에 따라 변화하는 나무를 보며 생명의 신비와 아름다움을 느꼈고, 산은 언제나 우리에게 치유와 기쁨의 원천이었다. 이 연결을 유지하는 건 우리에게 협상의 여지가 없는 절대 조건이었다.

이런 기준들을 하나씩 적용하다 보니 자연스럽게 몇 개 도시로 후보가 좁혀졌고, 결국 취리히 한 곳만 남게 되었다. 물론 북유럽에 대한 아쉬움도 있었지만, 제4의 언어를 배워야 한다는 점에서 부담이 컸다. 그에 반해 독일어권이면서도 글로벌 IT 기업에서 일할 기회가 많은 취리히는 훨씬 현실적인 선택이었다. 알프스까지는 단 한 시간 거리였고, 우리는 수년 전부터 안식년이 끝나면 살고 싶은 '드림 시티'로 취리히를 이야기하곤 했다.

많은 사람들이 보통 직장을 이유로 이사하곤 하지만, 우리는 먼저 함께 원하는 라이프스타일부터 정하고 나서, 그에 맞는 일과 직장을 찾아보기로 했다. 잘 될 거라는 보장은 없었지만, 최소한 시도는 해보고 싶었다. 그렇게 우리는 "연말까지 취리히에서 일을 구하자"는 결정을 내렸다(희망사항에 가까운 결정이었지만 말이다). 이 결정은 곧 우리가 뉴욕에서 지내는 시간이 당분간(혹은 영원히) 미국에서의 마지막 시간이 될지도 모른다는 걸 의미했다. 따라서 현재 살림살이를 어떻게 처리할지까지 정해야 했다.

미국 전자제품이나 매트리스처럼 유럽에서 호환되지 않는 것들은 미련 없이 정리했고, 필요한 사람들에게 나눠주었다. 우리는 약 두 달에 걸쳐 모든 물건을 다음과 같이 세 가지로 분류했다. Year-off 기간에 가지고 갈 것, 보관할 것, 버릴 것.

의외로 무엇을 가지고 갈 것인지조차 쉽지 않은 결정이었다. 이번 Year-off의 시작을 자동차 로드 트립으로 계획했기 때문에 모든 짐은 차 한 대에 실릴 수 있어야 했다.

SUV 한 대 분량으로 삶의 모든 것을 축소하는 건 절대 쉬운 일이 아니었지만, 이는 새로운 라이프스타일로 변화하기 위한 현실적인 첫걸음이었다. 더는 모든 것을 가질 수 없었다. 진짜 원하는 것과 필요한 것을 가려내는 단호한 선택의 시간이었다.

그렇게 우리는 이 여정을 '굿바이 아메리카 트립'이라 이름 붙이고, 이번 year-off가 끝나면 유럽으로 이주하겠다고 결심했다.

내가 원하는 라이프스타일에 맞는 직업 찾기

첫 번째 Year-off는 우연히 시작되었고, 그 중심에는 더 넓은 세계를 보고 싶은 열망이 있었다. 반면 두 번째 Year-off는 나의 내면을 훨씬 더 깊이 들여다보며 미리부터 신중하게 계획한 시간이었다. 그동안 마음속에 쌓여온 수많은 질문들을 하나씩 풀어가는 시간이기도 했다. 나는 매일의 감정과 경험을 토대로 내 마음이 어긋나는 순간을 포착했고, 그로부터 나만의 'What-If(만약 ~한다면)' 질문을 구성했다. 처음 던졌던 질문은 이랬다.

"좀 더 건강한 삶을 살 수 있게 해주는 직업을 찾아보면 어떨까?"

이 질문에 답하기 위해서는 먼저 '건강한 삶'이 무엇인지부터 정의해야 했다. 과거의 경험 덕분에 '건강하지 않은 삶'이 어떤 모습인지는 이미 알고 있었다. 스트레스가 쌓이고 번아웃에 가까워질 때의 감정을 떠올리며, 그 반대의 상태를 상상했다. 그 결과 두 단어가 또렷하게 떠올랐다. 유연함과 창의성. 그래서 질문을 다시 이렇게 바꿨다.

"내가 가진 창의성을 살리면서도 유연하게 일할 수 있는 직업이 있다면 어떨까?"

단순히 커리어를 업그레이드하는 것만이 목적이 아니었다. 내가 원하는 라이프스타일에 맞는 일을 찾는 것, 그것이 진짜 목표였다. 그래서 과거 나를 힘들게 했던 균열을 메울 수 있는 중요한 키워드를 나만의 언어로 구체화해보았다.

1. **유연함**Flexibility: 시간에 대한 주도권을 갖고, 신체적·정신적 건강을 우선시할 수 있을 것. 가족 등 소중한 사람들과 더 많은 시간을 보낼 수 있도록 일하는 장소의 자유 확보하기
2. **창의성**Creativity: 예술, 문제 해결, 혹은 기업가정신과 관련된 일에 몰입할 수 있을 것

이것들은 단순히 선호의 문제가 아니었다. 오랜 시간 몸소 겪으며 정리한 삶의 원칙이었다. 돌이켜보니 내 커리어에서 스트레스를 불러오는 원인들에 명확한 패턴이 보였다. 나를 힘들게 했던 건 일 자체라기보다는 업무 일정과 방식, 나아가 성과 등을 내가 컨트롤할 수 없는 상황이었다.

나는 '어떻게 일할 것인가'에 대해 더 많은 선택권을 갖고 싶었다. 그리고 무엇보다도, 창의성과 연결된 일을 해야 한다는 것은 취향이 아닌 필수 조건이라는 걸 깨달았다. 내가 가장 충만함을 느꼈던 순간들은 늘 창의적인 표현과 연결돼 있었다. 스토리텔링, 문제 해결, 무에서 유를 창조하는 등의 업무 경험은 단순히 즐거운 것을 넘어서 나에게 가장 지속 가능한 일이었고, 육체적으로 지쳐 있을 때조차 나에게 다시 활력을 불어넣어주는 계기였다.

물론 지금껏 해온 일이 틀렸다고 생각하진 않는다. 또한 완전히 새로운 분야로 갈아타는 것만이 목적은 아니다. 다만 그 일을 어떻게 하느냐, 즉 구조, 기대치, 리듬 자체가 내가 원하는 삶과 맞지 않았을 뿐이다. 그래서 나의 가설은 이랬다. '유연함과 창의성이 통합된 커리어를 찾을 수 있다면, 나는 더 큰 만족을 느낄 뿐만 아니라 더 좋은 성과도 낼 수 있을 것이다.'

이 가설을 검증하기 위해, 내가 원하는 라이프스타일을 가장 잘 지원할 수 있는 일이 무엇인지 명확히 알기 위해, 이번 Year-off에 어떤 학습 활동들을 할 건지 적어보았다.

1. **대화를 통해 배우기.** 다양한 직업군의 사람들을 만나고, 그들이 어떻게 일과 삶을 설계하는지 관찰하기
2. **직접 시도하고 경험해보기.** 이 시기에만 누릴 수 있는 실전 프로젝트에 도전하며, 그 과정에서 유의미한 기술과 경

험 쌓기
3. **열린 마음 유지하기.** 디자인 외의 영역도 탐색하며, 특히 지금 한국에서만 접해볼 수 있는 것들을 적극 경험하기
4. **루틴으로 중심 잡기.** 명상, 요가, 자연, 그리고 깊은 인간관계를 통해 변화의 한 해 속에서 나를 단단히 지탱하기

1~3번까지가 핵심적인 활동으로 보일 수 있지만, 마지막 항목인 '중심 잡기'야말로 어쩌면 가장 중요한 요소였다.

우리는 고정된 집 없이 1년 동안 계속 이동하며 새로운 환경과 새로운 사람, 새로운 아이디어에 몸을 던지기로 했다. 나는 이전의 경험을 통해 이런 급격한 변화의 시기를 심리적으로 버텨내기 위해서는 강력한 내면의 기반이 필요하다는 사실을 잘 알고 있었다.

진짜 목표는 나에게 맞는 삶의 방식이 무엇인지 깨닫는 것이었고, 그 답을 얻기 위해서는 무엇보다 명료한 멘탈이 필요했다. 그리고 명료함은 끊임없이 움직이거나 무슨 노력을 한다고 생기는 것이 아니라, 고요함 속에서 찾아오는 것이었다. 그래서 나에게 명상, 요가, 자연 속에서 보내는 시간, 그리고 신뢰하는 사람들과의 깊은 관계는 단순한 일상이 아니라 나의 직관을 날카롭게 만들어 주는 도구였다. 그 도구들이야말로 복잡하고 다양한 정보들 속에서 진짜 나에게 필요한 것을 걸러내고, 중요한 순간에 현명한 결정을 내릴 수 있게 해주는 힘이었다.

Year-off는 내 인생의 다음 챕터를 설계하는 매우 소중한 기회인 만큼, 남들이 인정하는 최고의 선택을 하는 게 목표는 아니었다. 진짜 나다움을 반영한 선택이면 충분했다.

한국을
베이스캠프로 선택하다

한국을 이번 Year-off의 베이스캠프로 정한 데에는 여러 가지 실용적인 이유도 있었지만, 그 중심에는 내가 '유연함'을 삶의 중요한 가치로 삼게 된 본질적인 이유 중 하나가 자리 잡고 있었다. 그것은 바로 사랑하는 사람들과 더 많은 시간을 보낼 수 있는 자유였다. 나는 오랫동안 그런 자유를 누리지 못했고, 시간이 지날수록 그것이 내 행복에 얼마나 큰 영향을 미치는지를 점점 더 선명하게 깨달았다.

미국에 살았을 때는 양가 부모님을 뵙기 위해 독일과 한국을 오가야 했고, 그 짧은 일정 안에서 그리운 사람들을 다 만나기에 휴가는 늘 턱없이 부족했다. 어느 쪽도 충분하지 않았고, 항상 아쉬움과 죄책감을 안고 돌아와야 했다. 물론 인생은 타협의 연속이고, 우리는 종종 모든 걸 다 가질 순 없다고들 말한다. 하지만 다 가질 순 없을지라도, 적어도 그 방향으로 나아가려고 노력할 책임이 우리 자신에게 있다고 생각한다.

가족과 함께 있고 싶은 마음을 누르며 살아온 시간은 내가 생각했던 것보다 훨씬 더 깊은 상처로 자리하고 있었다. 일과 삶에 제대로 집중하기 위해서라도, 먼저 이 오랜 그리움부터 해소해야 했다. 그래서 시간과 경제적인 형편에 얽매이지 않고 '내가 원할 때' 한국을 오가며 할 수 있는 일을 찾고 싶어졌다. 나아가 이런 생각도 해보았다. '내 직업 자체가 한국을 오가며 하는 일이라면 어떨까?'

한국을 선택한 또 다른 이유도 있었다. 우리 부부는 오래전부터 아시아를 더 깊이 여행하고 싶었다. 그런데 미국에 살 때는 늘 시간과 비용 면에서 쉽지 않았다. 마쿠스가 아시아에서 가본 나라라고는 한국과 일본이 전부였다. 그래서 이번에는 한국을 중심으로 대만, 싱가포르, 베트남 등 근처 국가들을 천천히 여행하는 것이 우리의 목표였다.

고정 수입 없이 지내는 해이니만큼 생활비 측면도 고려했다. 물론 서울도 물가가 저렴한 도시는 아니지만, 뉴욕이나 샌프란시스코와 비교하면 같은 지역의 에어비앤비 숙소는 거의 절반 가격이었다.

생각해보면 2011년 첫 Year-off 동안 한국에서 보낸 5개월은 내 인생에서 가장 의미 있는 시간이었다. 그래서 이번엔 정말 의도와 목적을 갖고 한 번 더 경험해보고 싶었다. 마쿠스도 한국어를 배우고 문화를 직접 경험해볼 기회라며 한국에 머무는 걸 흔쾌히 동의했다.

이 작고도 소중한 순간들 — 가족과 함께하는 시간, 한국 문화의 가이드로서 마쿠스를 돕는 경험 — 그것만으로도 이번 Year-off는 충분히 의미 있는 해가 될 것이라는 생각이 들었다. 그래서 우리는 한국을 우리의 베이스캠프로 선택했다.

Questions & Tips

당신만의 '베이스캠프'를
어떻게 선택할 것인가

사는 곳을 떠나 다른 곳에서, 더구나 해외에서 1년간 살아보는 건 모두에게 적합한 선택은 아닐 수 있다. 누군가에게는 안정감이 더 중요할 수 있고, 일을 잠시 놓는 것이 도무지 현실적으로 느껴지지 않을 수도 있다. 많은 사람들이 '나는 그럴 여유가 없다'는 생각이 들 수도 있다.

하지만 '언젠가…' 정도의 생각으로, 혹은 'What-If' 식으로라도 안식년을 떠올려 본 적이 있다면, 이번 기회에 장소와 예산을 차분히 고민해보는 것이 당신의 마음을 바꿔 놓을지도 모른다.

짧은 기간이라도 꼭 한 번 살아보고 싶었던 지역을 적어보자.

1. _____

2. _____

3. _____

각 지역에 대해 아래 질문들을 간단히 떠올려보자.

+ 그 지역은 당신이 바라는 탐색의 목적과 얼마나 잘 맞아떨어지는가?
+ 현재 거주하고 있는 집과 비교했을 때 그곳의 월 생활비는 어느 정도인가?
+ 그곳에 살게 되면, 현재 지출 중 일부를 아낄 수도 있는가?

  (예: 비용이 많이 드는 사교 모임, 취미, 피트니스 멤버십 등)

+ 현지에서 혹은 온라인으로 단기 수입을 올릴 수 있는 기회가 있는가?
+ 지출을 줄이기 위해 어떤 라이프스타일을 바꿀 수 있을까?
+ 현재의 가구나 생활용품 가운데 팔아서 현금 확보에 도움이 될 만한 것들이 있는가?

마지막으로, 가장 끌리는 지역 한 곳을 선택하고, 그곳의 치안, 물가, 문화 등의 실질적인 정보나 디지털 노마드의 생활 팁이 담긴 블로그와 유튜브 등을 검색해보자.

계획만 잘 세운다면 의외로 현실적인 선택이 될 수도 있다. 상상만 하지 말고, 지금 바로 다양한 질문들에 대한 답을 적어보자.

떠나기까지
왜 그렇게 힘들었을까?

메타에는 이런 말이 있다. "휴가를 내기에 완벽한 타이밍 같은 건 없다. 즉, 언제나 좋은 타이밍이 될 수 있다(There's never a good time to take time off. So it's also always a good time to take time off)."

항상 급한 일이 생기다 보니 휴가를 미루는 사람들이 많았고, 그래서 완벽한 타이밍을 기다리기보다는 '스스로 휴가 시점을 정하라'는 의미였다. 나 역시 팀원들에게 항상 그렇게 말해왔는데, 정작 나 자신은 그렇게 하지 못했다.

회사를 그만두는 타이밍만 해도, 보통은 '가장 좋은 순간에 떠나라'고들 말한다. 하지만 현실은 정반대가 아닌가. 모든 게 잘 풀리는 순간엔 오히려 '조금만 더 있어볼까?' 하는 생각이 들고, 중요한 프로젝트를 맡거나 좋은 동료들이 곁에 있을수록 그만두는 건 더 어려워진다. 반대로, 일이 잘 풀리지 않을 땐 그걸 만회하고 나서 떠나고 싶어진다. 무책임하게 떠났다는 인상을 주고 싶지 않기 때문이다.

나 역시 똑같은 딜레마에 빠져 있었다. 2021년 미리 정해둔 Year-off 타이밍을 앞두고, 그동안 내가 뿌려온 씨앗들이 하나둘 열매를 맺기 시작했다. 운 좋게도 내가 오래 꿈꿔왔던 AI 팀에 합류하게 되었고, 이런 기회는 다시 오지 않을 거라는 확신도 있었다. 심지어 뉴욕 오피스로 전근해 새로운 팀을 꾸릴 기회까지 주어졌다. 뉴욕에서 살아보는 건 중학교 시절부터 품어온 버킷리스트 중 하나였다. 이런 모든 기회에 감사하며 최선을 다했지만, 동시에 나는 스스로와의 약속을 지키기 위해 떠날 타이밍을 반드시 찾아야 했다.

2020년 겨울, 팬데믹이 잠시 완화되어 이동이 가능해졌을 때 2주간의 유급 휴가를 내고 한국으로 여행을 떠났다. 목적은 부모님을 뵙는 것과 함께 Year-off 날짜를 확정하기 위함이었다.

서울에 도착한 뒤 자가격리 규정을 철저히 지키며 부모님 댁에 머물렀다. 14일간 외출 없이 오직 독서, 휴식, 요가, 간단한 운동만 하며 보냈다. 성인이 된 이후 이렇게 오랜 시간 동안 엄마가 해주는 집밥을 먹으며 지낸 건 처음이었다. 나는 부모님의 책꽂이에서 마음을 끄는 제목의 책들을 골라 읽었다. 시간이 흐를수록 고요함의 힘이 내 안에 쌓였고, 혼란스러웠던 마음이 점점 가라앉았다.

그렇게 14일이 훌쩍 지나갔고, 마음이 훨씬 가볍고 산뜻해졌다. 하지만 아직도 대체 언제 떠나야 할지 답이 나오진 않았다.

미국으로 돌아갈 짐을 싸던 날 아침, 엄마가 방으로 들어오시더니 조심스럽게 말씀하셨다. "이런 말이 도움이 될지 모르겠지만, 혹시 필요하면 언제든 이 방을 써도 된단다."

그 몇 마디 말씀이 뜻밖의 위안으로 다가왔고, 그 순간 눈물이 왈칵 쏟아졌다. 일을 언제 어떻게 그만둘지 고민하는 것보다 더 큰 무언가가 나를 붙잡고 있었다는 걸 깨달았다. 그건 바로 부모님의 '이해'와 '승낙'이었다.

나는 무의식중에 지금의 직장을 내 가치로 여겼고, 이 직장과 커리어가 부모님이 그간 나를 위해 지원해주신 모든 것에 대한 보답이라 여겨왔다. 그래서 직장을 그만두는 건, 어쩌면 부모님을 실망시키는 일일지도 모른다고 생각했다.

"그 좋은 직장을 왜 그만두려고 해?" 부모님이 가끔 대수롭잖게 하시던 말씀이 내 마음을 계속 무겁게 만들었다. 겉으로 "괜찮아요, 제가 원한 거예요. 응원해주세요"라고 말했지만, 속으로는 죄책감이 가슴을 짓눌렀다. 결국, 나를 떠나지 못하게 막고 있던 마지막 끈 하나는 부모님을 실망시킬지도 모른다는 두려움이었다.

그리고 그 14일 동안 엄마는 내가 혼자 고요히 고민하고 있다는 걸 느끼셨던 것 같다. 그래서 아마 조심스럽게 그런 말씀을 꺼내신 걸 거다. 어쩌면 내가 정말 듣고 싶었던 말은 "네가 뭘 선택하든, 엄마는 널 사랑하고 여기는 항상 너의 집이야"라는 그 단순하지만 분명한 확신이었는지도 모른다. 엄마의 말은 나를 해방시켰다. 그리고 마침내 어려운 결정을 이제야말로 내릴 수 있게 되었다.

뉴욕으로 돌아가자마자 나는 마쿠스와 대화했고, 우리의 출발 날짜를 정했다.

Questions & Tips

언제 떠날 것인가
(혹은 남을 것인가)

날짜를 정하라.
떠나기에 완벽한 타이밍은 없다. 그저 떠날 날짜를 정하고, 그 날짜를 '맞는 시점'으로 만들어라. 다소 즉흥적으로 느껴질지라도, 일단 날짜를 정해 주변 사람들과 공유하라. 소리 내어 말할수록 그 계획은 점점 더 현실이 된다.

떠나기 전에 현재 커리어를 충분히 경험하라.
정확한 기준은 없지만, 새로운 직장이나 역할은 최소 2년 이상 경험해보기를 권한다. 초반의 어려움은 당연한 성장통일 수 있다. 그 시점에선 내가 정말 이 일을 원하지 않는 건지, 아니면 단순히 익숙하지 않아서 힘든 것인지 구분이 잘 되지 않을 수 있다.

용기 있게 말하고, 행동으로 보여줘라.

당신의 꿈을 다른 사람들과 과감히 공유하라. 처음에는 응원받지 못할 수도 있다. 하지만 나중엔 뜻밖의 지지와 도움이 돌아올지도 모른다. 가장 강력한 신뢰와 응원은 말이 아닌 행동으로 보여줄 때 따라온다. 당신이 정말로 그 꿈을 향해 움직이고 있다는 걸 보여줘라.

함께 나누며 실행하기

목표를 주변 사람과 나누고 그들의 지지를 받는 일은 생각보다 훨씬 큰 힘이 된다. 단순히 정서적인 위로나 격려에 그치지 않고, 실제로 어려운 계획을 끝까지 실행에 옮길 가능성을 높여준다. 연구에 따르면, 목표를 글로 적고 가까운 사람에게 공유한 사람은 그냥 마음속에만 품고 있던 사람보다 목표를 달성할 확률이 훨씬 높았다.

지금, 당신을 진심으로 아껴주는 두 사람을 떠올려보라. 그리고 당신의 목표와 원칙들을 그들과 공유해보자.

이름 1 : _____

이름 2 : _____

2. 이륙

Take Off

새로운 마인드셋
훈련하기

뉴욕 로어이스트사이드의 원룸 아파트가 텅 비었다. 그간 함께 해온 살림살이를 SUV 한 대에 모두 싣고 그렇게 뉴욕을 떠났다. 다시 집으로 돌아올지 어떨지도 알 수 없는 여정이었다.

우리는 뉴욕에서 시작해 LA까지 총 45일 동안 미국을 횡단했다. 그리고 LA에서 차를 팔고, 비행기 편도 티켓을 끊어 한국으로 향했다. 여정 중엔 언젠가 꼭 가보고 싶던 국립공원들을 둘러보았고, 여러 주에 흩어져 있던 오랜 친구들을 만나 반가운 시간을 보냈다. 내가 한때 살았던 동네에도 들러 과거의 기억을 더듬으며 마쿠스에게 옛날 이야기를 들려주었다.

중부 지역을 지날 땐 끝없는 들판과 사막, 협곡이 이어졌다. 해의 위치에 따라 바위와 모래의 색이 짙은 주황에서 보랏빛으로 바뀌었다. 위스콘신에선 해바라기가 한창이었고, 콜로라도에는 강가를 따라 밝은 노란빛 나무들이 줄지어 있었다. 날이 갈수록 해는 점점 더 짧아졌고, 해질 무렵의 따스한 가을빛이 풍경에 마법처럼 스며들었다. 주변의 모든 것이 조용히 변화할 준비를 하고 있었다.

미국을 동서로 가로지르며 마주한 아름다운 풍경 외에도, 이번 여행은 또 다른 중요한 것을 남겼다. 앞으로의 삶에도 내내 영향을 줄 '마음가짐'을 새롭게 다듬게 된 것이다.

여정 중 내 안에는 두 가지 상반된 욕구가 있었다. 즉흥적으로 더 많은 것을 보고 느끼고 싶은 마음과, 45일이라는 원래 계획을 철저히 지키고자 하는 마음. 나란 사람은 후자에 더 가까웠고, 일정이 바뀌면 예산도 달라지니 날씨가 안 좋아도 예정대로 이동하려고 했다. 반면 마쿠스는 천천히 모든 장소를 온전히 느끼며 여행하길 원했다. 단순히 '방문했다'는 체크리스트가 아니라, 제대로 경험하고 싶어 했다.

그가 옳다는 걸 머리로는 알고 있었지만, 시간과 비용에 대한 부담을 떨치기 어려웠다. 여행이 길어질수록 지출은 커졌고, 나는 하루에도 몇 번씩 계산기를 두드리는 마음으로 머릿속에서 비용을 따졌다. 우리는 캠핑을 하거나 비교적 저렴한 모텔과 에어비앤비에서 묵었고, 식사는 땅콩버터 샌드위치나 생 채소로 때웠으며, 주방이 있을 땐 간단한 요리로 해결했다. 최대한 아끼려 노력했지만, 지출이 늘어날수록 은근히 스트레스를 받았다.

어느 날은 몇 군데 장소를 건너뛰자고 제안하기도 했다. 그러자 마쿠스가 물었다. "왜 그렇게 서두르는 거야?" 결국 내 마음속 불안을 털어놓자 그는 이렇게 말했다. "우린 앞으로 또 돈을 벌 수 있어. 하지만 이건 지금밖에 할 수 없는 경험이잖아." 말 그대로 맞는 말이었다. 하지만 머리로 아는 것과 마음을 바꾸는 건 별개의 일이었다. 우리는 서로의 생각을 적당히 조율하며 절충점을 찾아 갔다.

여행이 끝난 후에야 나는 내가 '결핍 마인드셋Scarcity Mindset'으로 움직이고 있었다는 걸 알게 됐다. 지금 가진 것보다 잃을 것에 더 집중하고 있었던 것이다. 반면에 마쿠스는 '풍요 마인드셋Abundance Mindset'을 갖고 있었다. 지금 있는 것에 감사하고 앞으로도 충분할 거라는 믿음을 바탕으로 낙관적인 태도를 유지했다.

생각해보면 2011년 첫 번째 Year-off 때는 지금보다 모아 놓은 돈이 훨씬 적었음에도 불구하고 이렇게까지 불안해하진 않았던 것 같다. 아니면 그때도 비슷했는데 기억이 미화되었는지도 모르겠다. 어느 쪽이든 이번에는 마음의 부담이 훨씬 더 크게 느껴졌다. 1년 내내 수입이 없다는 것은 재정적으로뿐만 아니라 정신적으로도 힘든 일이었다. 그래서 나는 이번 Year-off 동안 '결핍'에서 '풍요'로 사고방식을 전환하는 연습을 의식적으로 계속해야겠다고 다짐했다.

그때부터 내 안의 감정들을 살피며 '아, 이건 결핍 마인드셋에서 오는 감정이구나' 하는 식으로 인식하기 시작했다. 그런 감정이 올라올 때마다 내가 이미 얼마나 많은 것을 가지고 있는지, 혹은 큰 그림에서 보면 결국 괜찮을 거라는 사실을 스스로 상기시켰다. 또한 올해를 장기적인 투자 관점에서 바라보고, 지금의 지출은 더 나은 미래를 위한 기회를 만드는 것이라고 생각했다. 돈은 다시 벌 수 있고, 내가 이 시기에 쌓은 경험은 시간이 지날수록 더 큰 가치로 돌아올 거라고 믿으려 노력했다.

그리고 지금 현재, 그로부터 약 3년이 흐른 지금, 미국을 떠나 새로운 곳에서 다시 안정적인 수입을 벌고 있는 나는 마쿠스의 말이 옳았다는 것을 실감하고 있다. 다시 그때로 돌아간다면, 아마 더 여유 있게 여행을 즐겼을 것이다. 계획 없이 머물기를 주저하지 않았을 것이고, 호기심에 따라 몇 군데를 더 둘러봤을지도 모른다. 돈은 다시 돌아오지만, 그 시기를 살아볼 기회는 다시 오지 않기 때문이다.

두 번째 Year-off는 '올해는 나 자신에게 투자하는 시간'이라는 마인드를 배우고 연습하는 시간이었다.

Questions & Tips

'풍요 마인드셋'으로 전환하기

이 주제는 심리학자 캐롤 드웩Carol Dweck의 책 《마인드셋Mindset》에서 얻은 통찰을 바탕으로 한다. 핵심 개념은 이렇다. '결핍 마인드셋'은 지금 내게 없는 것에 집중하게 만들고, '풍요 마인드셋'은 이미 갖고 있는 것과 앞으로 가능할 것들에 주목하게 만든다.

결핍 마인드셋은 돈, 성공, 기회 등의 자원이 한정되어 있다는 믿음에서 비롯된다. 이 믿음은 두려움으로 이어지기 쉽다. 예를 들어, 결핍 마인드셋을 가진 사람은 '나는 지금 여유가 없기 때문에 나 자신에게 투자할 수 없어'라는 식으로 생각한다.

반대로, 풍요 마인드셋은 자원이 충분히 존재하며, 성공은 시간이 지나면서 차근차근 쌓여 간다는 믿음을 기반으로 한다. 이 사고방식은 성장을 지향하고, 긍정적인 태도를 이끌어낸다. 이 관점에서 보면, '지금 나 자신에게 투자하는 것이 앞으로 더 많은 기회를 여는 열쇠가 될 수 있다'는 생각이 가능해진다.

그해 내가 풍요 마인드셋을 기르기 위해 실천했던 몇 가지 방법을 소개한다.

+ 지금 내가 이미 가지고 있는 것들을 자주 돌아보고, 감사하는 마음 갖기를 연습한다.
+ 새로운 가능성을 상상하고, 그것이 현실이 될 수 있다는 믿음을 키운다.
+ 당장의 현실적인 제약보다 장기적인 성장에 집중한다.

이제 프롤로그의 40쪽에서 다룬 '두려움 vs. 이득' 리스트를 다시 떠올려보자. 결핍에서 풍요로 사고방식을 바꾸는 가장 강력한 방법 중 하나는 두려움을 기회로 다시 해석하는 것이다.

+ **두려움(결핍 마인드셋)**: "안식년을 가지면 커리어가 무너질 것 같아."
+ **이득(풍요 마인드셋)**: "이 시간을 통해 나 자신을 더 명확히 이해할 수 있고, 새로운 기술을 배우거나 예상치 못한 기회를 만날 수도 있어. 실제로 많은 사람들이 이런 시간을 가진 후 더 단단하고 만족스러운 커리어를 만들었어."

만약 '이득'에 대한 믿음이 잘 생기지 않는다면, 실제로 이런 과정을 거쳐간 사람들의 사례를 찾아보는 것도 도움이 된다. 그리고 그 시간을 통해 내가 얻을 수 있는 구체적인 기술이나 인사이트를 적어보자. 그것들은 결국 나를 더 경쟁력 있는 사람으로 만들어줄 것이다.

중요한 것은, 잃는 것보다 얻는 것에 집중하는 순간, 성장과 가능성의 문이 열리기 시작한다는 점이다.

What-If 실험 시작!

서울에 도착하자 부모님은 우리를 반갑게 맞아주셨고, 임시로 쓸 수 있는 방도 내어주셨다. 오랜만의 재회는 따뜻하고 푸근했다. 우리는 서울과 제주에서 함께 크리스마스와 새해를 보냈고, 마쿠스가 늘 먹어보고 싶어 했던 한국 음식도 마음껏 즐겼다. 처음으로 시간에 쫓기지 않고 여유롭게 한국 곳곳을 함께 여행할 수 있었다.

물론 부모님과 한 지붕 아래서 지내는 건 예상대로 쉽지만은 않았다. 언어, 생활 리듬, 문화적 차이 등을 조율해야 했기 때문이다. 하지만 우리 모두 각자의 방식으로 조심스럽게 균형을 맞춰 갔다. 부모님의 열린 마음과 서로를 이해하기 위해 애쓰는 조용한 노력들이 고마웠다.

마쿠스는 곧바로 주 4회 오전 9시부터 오후 1시까지 한국어를 배우는 학원에 등록했다. 그의 하루는 수업, 과제, 그리고 매일의 작은 시험과 함께 규칙적으로 돌아갔다. 내가 도저히 설명할 수 없었던 문법을 익히며 한국어에 빠져드는 그를 지켜보는 것은 재미있고 사랑스러웠다. 손글씨로 적어 간 그의 한국어 연습장에는 본인의 이름을 쓸 때마다 'ㅋ'을 세로로 뒤집어 쓰는 것 같은 귀여운 실수들이 많았다. 마쿠스가 한국어를 배우는 것은 단순히 새로운 언어를 배우는 것을 넘어 나의 세계를 더 깊이 이해하기 위한 노력이었다.

마쿠스가 한국에서의 일상에 적응하는 것을 돕고 나니 이번엔 내 차례였다. 30대 중반에 직장도 없이 본가로 돌아온 내 모습은 일반적인 기준에서 보면 '성공'과는 거리가 멀었다. 사람들이 나를 부모님의 기대를 저버린 철부지나 이기적인 사람으로 볼까 봐 걱정이 앞섰다. "왜 실리콘밸리의 직장을 그만뒀을까? 뭔가 잘못된 거 아냐?" 하는 상상의 목소리들이 울렸다. 마음 한편에서는 혹시 부모님도 내심 실망하셨거나 나를 부끄러워하실까 봐 두려웠다. 놀랍게도 청소년 시절 '남의 시선을 의식하는 습관'이 다시 고개를 들었다. 예전처럼 나의 자존감을 직업이나 성과에 기대려는 마음이 여전히 남아 있었던 것이다. 그렇게 멀리 돌아왔건만, 결국 마주한 건 과거의 나였다.

이 감정을 떨쳐내기 위해 나만의 공간과 좋은 루틴이 절실했다. 마침 대학가에는 학생들이 방학으로 집을 비우는 동안 몇 달 사용할 수 있는 사무실 같은 공간이 있었다. 처음에는 그저 죄책감에서 벗어나기 위한 피난처였지만, 물리적인 공간이 주는 심리적 안정감은 생각보다 컸다.

사무실 공간에 들어간 첫 주, 나는 매일 내 감정을 기록하며 이 한 해를 어떻게 보내고 싶은지 일기를 썼다. 그리고 서울에서 가보고 싶은 장소를 검색하며 영감이 될 만한 곳들을 메모했다. 인테리어나 공간 콘셉트가 인상적인 카페도 찾아보고, 흥미로운 브랜드 스토어도 찾아보았다. 만나고 싶은 친구들도 여럿 있었는데, 가장 먼저 떠오른 사람은 함께 무언가 프로젝트를 논의해 볼 수 있는 친구였다.

겨울방학이라 주변 캠퍼스는 한산했지만, 군데군데 보이는 학생들 덕분에 특유의 젊은 에너지가 느껴졌다. 마치 내가 학생이었을 때처럼, 아직 아무것도 정해지지 않아 불안하면서도 한편으론 설렘이 가득했던 시절이 떠올랐다.

만약에 카페를 연다면 어떨까?

디자이너로 근무할 때 일은 여전히 즐거웠지만, 해가 갈수록 창의적인 부분이 점점 줄어들고 있다는 느낌이 들어 아쉬웠다. 그래서 퇴근 후 그림을 그리거나 크리에이티브모닝 같은 커뮤니티 활동을 하면서 일 외적으로 창의성을 채워보려 했는데, 본업 때문에 그런 시간은 늘 제한적일 수밖에 없었다.

그때부터 머릿속 한편에는 늘 해보고 싶은 몇 가지 직업이 있었다. 아티스트나 책과 영화를 통해 이야기를 전하는 스토리텔러 같은 일들. 그중 하나는 카페를 운영하며 창의적인 활동을 병행하는 삶도 있었다. 예컨대 한국에서 카페를 여는 데 필요한 콘셉트 디자인과 브랜딩, 운영 준비까지 참여하고, 이후엔 온라인 마케팅이나 원격으로 관리를 돕는 방식이라면 도전해볼 만한 가치가 있다고 느꼈다.

그 무렵 지하철역에서 '카페쇼'라는 행사 광고를 보게 됐다. 처음 듣는 행사였지만 궁금해서 집에 가자마자 검색해봤다. 평소 관심 있었던 한국의 티 브랜드나 종류를 알아볼 수 있을 것 같았고, 친구 수호를 이곳에 초대하면 좋겠다는 생각이 들었다. 그는 2011년 첫 번째 Year-off 때 만난 친구로, 한국 스타트업 신으로 나를 안내해준 사람 중 한 명이었다. 이후로도 우리는 틈틈이 창업 이야기, 최신 기술 트렌드, 새로운 아이디어에 대해 계속 얘기를 나눠왔다.

전화해보니 수호도 최근 회사를 그만두고 잠시 쉬는 중이라고 했다. 이 얘기를 들으니 괜히 더 설렜다. 우리는 내가 정리해 둔 장소들을 함께 둘러보고, 시음도 하고, 마음에 드는 제품은 구매해서 집에서도 다시 맛을 봤다. 그리고 카페에 대한 아이디어를 얘기했더니, 수호는 생각해보겠다고 했다. 역시나 그는 전시 부스에서 도매가를 묻고 명함을 주고받는 등 이미 리서치를 시작하고 있었다. 여자친구와의 약속 때문에 먼저 자리를 떴지만, 조만간 다시 만나 아이디어를 나눠보기로 했다.

며칠 후 수호에게서 전화가 왔다. "누나랑 저녁 먹다가 들은 얘긴데, 매형이 운영하던 카페를 정리할 예정이래. 같이 한번 가보자." 그 카페는 서울 외곽에 있었고, 어릴 적 부모님과 자주 갔던 산이 내려다보이는 위치였다. 그의 누나는 카페 한쪽에서 아이들과 성인들을 대상으로 미술 수업도 하고 있었다. 수호 말로는, 그 공간을 몇 달 동안 우리에게 맡겨서 실제로 카페 운영을 경험해보게 할 수도 있다고 했다. 직접 공간도 보여주고 얘기도 나눠보자고 초대했다.

카페에 들어섰을 때, 천장에서 바닥까지 이어진 통창을 통해 햇살이 환하게 들어왔다. 한쪽 방에는 미술 도구와 함께 학생들의 그림이 벽에 걸려 있었고, 오래된 가구들은 투박했지만 미니멀한 디자인 덕분에 조금만 다듬으면 새로운 콘셉트에도 잘 어울릴 것 같았다.

우리가 이곳에서 하려던 일은 대대적인 리노베이션이 아니었다. 그저 몇 달간 운영해보면서 이 공간을 진심으로 우리가 원하는 방향으로 바꿔볼 수 있을지, 아니면 '카페 창업'이 우리와 맞을지를 알아보는 것만으로도 충분히 의미 있다고 생각했다. 배움 자체가 성공이라고 믿었기에, 이 제안은 정말 드물고 소중한 기회였다.

모든 게 너무 순조롭게 흘러가는 느낌이었다. 집에 돌아오자마자 직접 만든 그래놀라와 토스트에 한국적인 재료를 더한 브런치 메뉴, 다양한 차와 스무디 메뉴를 상상하기 시작했다. 진지하게 이 기회를 고민했고, 이번 Year-off가 어떻게 흘러갈지, 어떤 위험이 있을지 조목조목 따져봤다. 하지만 아무리 현실적으로 냉정하게 생각하려 해도 설렘과 흥분이 자꾸만 커졌다. 심지어 한밤중에 아이디어가 떠올라 잠에서 깨기도 했다. 그럼에도 나는 일주일 넘게 수호에게 다시 연락하지 않았다. 이건 친구이자 가족과 얽힌 일이니만큼 신중하고 싶었다. 감정이 아닌 이성으로 충분히 정리된 뒤에 말을 꺼내는 게 좋을 것 같았다.

결국 이 아이디어는 실행에 옮겨지지 않았다. 수호는 최근 시작한 연애에 집중하고 있었고, 둘은 결혼까지 진지하게 얘기하는 중이었기에 시기적으로 좋지 않았다. 나는 친구의 상황을 충분히 이해하고 존중했다. 처음엔 아쉽고 실망스러웠지만, 시간이 지나며 나 역시 마음속의 열정이 생각보다 빨리 식고 있었다는 걸 깨달았다. 너무 좋아 보였던 일이 결국은 하나의 아이디어일 뿐이었다는 걸 인정해야 했다.

이후 수호의 누나는 카페를 정리하고 건물을 매각했으며, 모두 각자의 길로 나아갔다. 물론 우리의 우정엔 아무런 영향이 없었고, 단지 이번엔 인연이 아니었을 뿐이라 생각했다. 나는 다시 텅 빈 사무실 책상에 앉아 다음엔 어떤 일이 기다리고 있을지 상상해보았다.

만약에 글을 써보면 어떨까?

다시 한 번 올해 나의 목표와 하고 싶었던 일들을 돌아봤다. 다행히 완전히 백지상태는 아니었다. 예전부터 적어 둔 아이디어들을 들여다보며, 그중 어떤 걸 다음으로 시도해볼 수 있을지 고민했다. 이 과정은 새로운 디자인 프로젝트를 시작할 때와 비슷했다. 무언가를 처음 기획할 때는 가능성이 무궁무진해서 설레는 만큼, 동시에 무엇을 선택해야 할지 몰라 막막함도 함께 온다. 그럴 때는 먼저 중요한 원칙들을 정의하고, 가능한 솔루션들을 목록으로 나열한 뒤, 그 솔루션들을 실제로 하나씩 실험하며 결과를 지켜본다. 그 과정에서 배운 것들이 다음 방향을 결정하는 데 영향을 준다. 그리고 이런 탐색과 수렴의 과정을 정답에 가까워질 때까지 반복한다. 이번 카페 제안은 우연히 찾아온 기회였고 결국 무산되었지만, 그것을 통해 내가 무엇을 배웠는지를 돌아봤다.

그때 내가 적어 두었던 목표들과 가능성 중에서 '글쓰기'라는 단어가 눈에 띄었다. 그리고 그제서야 최근의 카페 에피소드에서 내가 배운 것이 무엇인지 확실히 알 수 있었다. 바로 다른 사람의 개입이나 도움 없이 나 혼자서 할 수 있는 일에 도전하는 게 좋겠다는 것이었다. 물론 어떤 일을 할 때는 '사람'이 매우 중요하다고 믿지만, 나를 탐색하는 이번 Year-off만큼은 내가 온전히 컨트롤하고 주도할 수 있는 일을 선택하는 게 현명하다는 결론에 도달했다.

글쓰기는 외부 요인과 무관한 작업으로, 오로지 나의 의지와 노력만으로 할 수 있는 일에 가까웠다. 나는 이미 이 한 해의 불확실성을 감당하기 위해 매일 일기를 쓰고 있었다. 글쓰기는 나 자신을 더 깊이 이해하기 위한 좋은 도구였고, 여러 가지 면에서 그해 집중해볼 만한 좋은 선택지라는 생각이 들었다.

더 나아가 블로거나 디자인 리서처, 그림책 작가, 영화 시나리오 작가처럼 글쓰기를 기본으로 하고 어디서든 일할 수 있는 직업들은 이번 Year-off의 목표와도 잘 맞는다는 생각이 들었다. 설령 글쓰기가 어떤 구체적인 결과로 이어지지 않는다 해도, 글을 쓰는 습관을 들이고 내 삶의 사건과 감정을 기록하는 것 자체만으로도 충분히 의미 있다고 생각했다.

그런데 사실 글쓰기가 나에게 슬픔을 상기하는 매개가 된 적이 있다. 열일곱 살에 미국으로 이사하면서 영어를 따라잡기 위해 한글로 읽고 쓰는 것을 멈춘 적이 있다. 한국 음악도 거의 듣지 않았고, 한국 영화도 보지 않았다. 스무 살이 지나서야 영어로 말하고 읽는 일에 익숙해졌지만, 쓰기는 늘 어정쩡한 상태에 머물렀다. 나는 한국어도 영어도 둘 다 제대로 못하는 것 같았고,

그런 낙인 때문에 자신감도 떨어지고 글쓰기도 피하게 됐다. 마치 내 목소리를 잃어버린 기분이었다. 누구도 내 표현을 막지 않았지만, 내 안의 부족함을 마주하는 것이 두려워 스스로 피했던 것이다. 그 슬픔은 오랫동안 마음에 남아 무거운 감정으로 자리 잡았다. 하지만 결국 그 감정을 치유할 수 있는 길은, 그것을 직면하는 것뿐이었다.

서른다섯에 갑자기 영화 시나리오 작가가 되겠다는 것도 아니고, 그저 글쓰기와 다시 친해지고 싶다는 목표 정도는 세울 수 있지 않을까. 만약 내가 글쓰기에 익숙해지고 생각을 자유롭게 표현할 수 있게 된다면 또 어떤 재미있는 일이 생길지 누가 알겠는가. '그래, Year-off 스토리를 블로그에 써보자.'

당장 블로그를 개설했고, 일주일에 한 편씩 글을 올리기로 했다. 블로그의 테마를 정하기 위해 이 시기에 내가 탐색하고 싶은 것들과 한국에 있는 동안 나만의 시선으로 바라볼 수 있는 것들이 뭔지 정리해봤다. 그렇게 추려진 후보는 세 가지였다.

한국의 디자인과 음식

한국에서 특히 흥미로웠던 주제 중 하나는, 한국의 전통 음식과 차를 현대적인 브랜딩과 디자인으로 되살리는 브랜드들이었다. 전통적인 요소와 현대적인 감각이 절묘하게 어우러진 모습이 인상적이었다. 사실 예전부터 이미 그런 브랜드가 보일 때마다 정리해 두고 있었고, 그 콘텐츠를 온라인에 공유하면 어떤 반응이 올지, 과연 수요가 있을지 궁금해졌다.

메타에서 배운 것들

프로덕트 디자인 매니저로 일하며 얻은 실질적인 노하우들이 많았고, 그걸 다른 사람들과 나누는 것도 의미 있지 않을까 생각했다. 이 주제는 한국이라는 장소와 직접적인 관련은 없었지만, 기억이 생생할 때 정리해 두면 딱 좋을 것 같았다. 특히 실리콘밸리에서 일한 경험이 있는 한 한국인 친구가 이런 경험을 나누는 콘텐츠에 대한 수요가 크다고 말해주었고, 나에게도 글을 써보라고 격려해줬다.

Year-off의 기록

세 번째는 이번 Year-off 동안 경험하고 배운 것들을 기록하는 것이다. 위의 두 주제들을 모두 포함할 수도 있고, 그 외의 이야기들도 담을 수 있는 넓은 주제였다. 처음에는 나와 가까운 지인들을 대상으로 삼았다. 다들 내 Year-off 생활이 어떤지 궁금해했고, 내가 왜 이런 선택을 했는지 설명해줄 수단이 필요했다. 그러다 문득 이런 생각이 들었다. '혹시 내 지인들 말고도, 서른 중반에 모든 걸 멈추고 새로운 삶을 실험하는 누군가의 여정을 따라가고 싶은 사람들도 있지 않을까?'

고민 끝에 세 번째 주제를 선택했다. 지극히 개인적인 일기

같은 글이지만, 동시에 블로거로서 처음 글을 쓰기에 가장 적절하고 좋은 연습이 될 것 같았다.

본격적인 글쓰기에 앞서, 전업 블로거나 인플루언서들이 온라인상에서 어떻게 글을 쓰는지 공부했다. 그중에서도 처음 글을 쓰는 입장에서는 다음과 같은 실용적인 팁들이 도움이 됐다.

1. 무작정 쓰기보다, 먼저 전체 아웃라인을 설계하고 나서 그 안을 채워야 글이 읽기 쉽고 명료해진다.
2. 글의 시작 부분과 각 단락의 서두에는 항상 사람들이 이 글을 읽어야 하는 이유를 알려주는 '훅hook'을 쓴다.
3. 다섯 살 아이에게 설명하듯 쉽게 쓴다. 내용은 잘게 나누고, 시각적인 요소를 활용하며, 최대한 쉬운 표현을 써야 한다.

혹시 나중에 수익화를 고민하게 될까 싶어 관련 정보도 찾아봤다. 하지만 조언은 하나같이 같았다. "일단은 6개월에서 1년쯤 좋은 콘텐츠를 꾸준히 만드는 데 집중하라. 수익화는 그다음 문제다." 이건 소프트웨어 제품 디자인에서도 자주 듣던 이야기였다. 먼저 사람들에게 '가치'를 주는 것이 우선이다. 나의 목표도 6개월 동안은 일단 꾸준히 써보는 것, 글쓰기 습관을 만들고 실력을 키운 뒤 나머지는 그다음에 생각하는 것이었다.

그날 이후 일주일에 한 편씩 글을 업로드하기 위해 매일 몇 꼭지의 글을 쓰고, 그중 하나를 다듬어 공개하기 시작했다.

만약에 영감 가득한 홍대에서
살아보면 어떨까?

만약 내가 고등학교를 한국에서 다녔다면 홍익대학교에 지원하지 않았을까. 홍대 인근은 오랫동안 크리에이티브를 대표하는 서울의 핫스폿이었다. 수많은 미술학원과 힙한 카페, 수공예 숍, 다양한 문화 공간들이 모여 있는 이 동네는 나에게 한국의 디자인과 예술 문화를 느끼기 위해 꼭 방문해야 하는 곳이었다.

 또한 이 곳은 외국인 거주자들의 중심지로도 자리 잡으면서 좋은 한국어 학원들이 모여 있기도 했다. 마쿠스가 다니는 한국어 학원도 이곳 홍대에 있었다. 부모님 댁에서는 지하철로 약 50분 거리였다. 우리는 둘 모두에게 이유가 있는 홍대에서 장기 에어비앤비 숙소를 구했다. 연남동의 오래된 주택 건물에 있는 작은 원룸이 그해 겨울, 석 달 동안 우리의 집이 되었다.

 그곳에서의 생활은 나에게 글을 쓸 수 있는 강한 동기와 영감을 주었다. 동네 곳곳에 예쁜 카페들이 많았고 와이파이도 잘 돼서 매일 카페와 책방을 오가며 글을 쓰는 루틴을 만들 수 있었다. 마쿠스는 아침 9시에 학교에 갔고, 그가 집을 나서면 나도 곧장 카페로 향했다. 처음엔 좋은 글쓰기 장소를 찾기 위해 여러 곳을 전전했지만 시간이 지나면서 나만의 단골 카페들이 생겼다. 디자인적으로 멋진 공간들을 찾는 재미도 컸다.

 신기하게도 아침 9시의 홍대는 평소의 북적이는 모습과는 전혀 달랐다. 문을 닫은 가게들과 현지 주민들만 보이는 그 시간의 거리는 놀라울 만큼 조용하고 평화로웠다. 벽에 그려진 낙서들, 주택가 좁은 골목길, 손글씨로 쓰인 '쓰레기 버리지 마세요' 표지판, 식물을 키우기 위해 재활용한 알록달록한 화분들, 어슬렁거리는 길고양이, 이 모든 평범한 풍경이 신선하게 다가왔다. 일정에 얽매이지 않고 세상 어디든 걸음을 옮길 수 있는 길고양이들의 자유 속에서 내 모습을 발견하기도 했다.

일주일에 네 번, 오전 9시부터 오후 1시까지 나는 그렇게 커피 한 잔을 곁들여 글을 쓰고, 주변을 관찰하고, 상상의 나래를 펼쳤다. 그러다 문득 '상상'이라는 단어의 느낌이 조금 달라진 게 느껴졌다. 예전부터 '상상'해왔던 그 삶을 지금 '실제로 살고 있다'니! 단 몇 주만이라도 홍대에서 주민처럼 살며 뭔가 창작 활동을 해보면 좋겠다는 꿈을 꾸었는데, 그걸 현실에서 실현하고 있었다.

물론 매일 글을 쓰면서도 내 글은 여전히 미숙하고, 누구에게 보여주기엔 부족하다는 생각이 들 때가 많았다. 하지만 그때마다 스스로를 다독였다. 이 글쓰기는 결과보다 '행위' 자체에 의미가 있다고 말이다. 매일 아침 카페로 가는 그 길이 점점 익숙해지고, 낯설던 거리가 점점 우리 동네처럼 느껴졌듯이, 글쓰기도 언젠가는 나에게 익숙한 일이 될 거라고 믿었다. 그런 변화를 기대하는 마음 자체가 참 설레었다.

무엇보다 이 글쓰기는 나 혼자서만 하고 있는 일이었다. 누가 시킨 것도 아니고, 누가 결과를 기대하는 것도 아니고, 보상을 해주는 것도 아니었다. 직장 생활을 하며 매일 같은 시간에 출근하는 것 말고는, 이렇게 꾸준히 해본 일이 없었던 것 같다. 하루 네 시간의 글쓰기는 만만치 않은 작업이었지만, 동시에 여러 가지 의미에서 놀라운 희망이기도 했다.

Questions & Tips

'What-If'
실행하기

'언젠가~' '만약 ~ 해본다면' 했던 생각들을 구체적으로 테스트할 수 있는 가장 좋은 방법은 직접 행동에 옮겨보는 것이다. 다음과 같이 해보자.

1. **아이디어를 적어본다.** 'What-if'를 탐색할 수 있는 프로젝트 아이디어를 떠올려본다. (예: 블로그 혹은 유튜브 개설, 소규모 창업, 영상 촬영 배우기 등)

   _____

   _____

   _____

2. **내 힘으로 할 수 있는 것 찾기.** 1번에 적은 아이디어들 가운데 혼자서 바로 시작할 수 있는 것을 골라본다.

_____

_____

_____

3. **기대 없이 꾸준히 해보기.** 그중 하나를 선택해, 1년 동안 일주일에 한 번 시간을 정해 꾸준히 해본다. 결과보다는 과정에 집중하는 것이 핵심이다.

"나는 앞으로 1년간 일주일에 한 번 _____ 에 집중할 것이다."

성장은 꾸준한 행동에서 시작된다. 핵심은 '시작'하는 것이고, '호기심을 유지'하는 것이다.

3. 비행

Full Flight

낯선 사람들과의
티타임

서울에 오고 나서 자주 하는 일이 하나 있었다. 바로 내가 꿈꾸던 삶을 실제로 살고 있는 사람들을 찾아보는 일이었다. 인스타그램, 잡지, 유튜브 등에서 그들을 발견하면 또 다른 유사한 사람들의 콘텐츠로 이어졌고, 밤늦도록 그들의 계정과 이야기를 계속 스크롤하며 구경했다.

    화면 속에서 그들의 삶은 굉장히 매력적으로 보였는데, 실제로는 어떨까 궁금했다. 화려한 이미지 뒤에 숨겨진 진짜 이야기는 무엇일까? 실리콘밸리의 유명 기업에서 일했던 내 경우처럼, 겉보기엔 너무 좋아 보이지만, 그 안에는 아무도 모르는 복잡한 사정들이 있는 건 아닐까? 나는 현실을 알고 싶었다.

한국에 머무는 시간은 내게 흔치 않은 짧은 기회였기 때문에 용기를 내어 그들에게 직접 연락해보기로 했다. 그리고 이내 하나의 아이디어가 떠올랐다. 내가 일해왔던 분야와 전혀 다른 업계에서 일하는 사람들과 이야기 나누고, 그 과정을 글로 남겨보면 어떨까 싶었다.

앞서 팀원들에게 1년에 한 번씩 외부 사람들과 인터뷰를 해보라고 권한다는 멘토의 조언이 떠올랐다. 나 역시 이번 Year-off를 통해 새로운 길을 발견하든 지금의 길이 나에게 잘 맞는다는 재확신을 갖게 되든, 좀 더 상황을 명확하게 하고 싶었다. 그러기 위해서는 가급적 많은 새로운 세계를 탐색해볼 필요가 있었다. 그리고 그런 사람들을 직접 만나보는 것만큼 좋은 게 없다고 생각했다.

나에게 익숙한 업계나 커뮤니티를 넘어서, 좀 더 유연하고 창의적인 방식으로 살아가는 사람들을 찾아 나섰다. 커피를 마시며 그들의 이야기를 듣고, 내 감정을 관찰하고, 스스로에게 질문을 던졌다. '나도 이렇게 살 수 있을까?'

나는 이 만남 프로젝트에 '낯선 사람들과의 티타임'이라는 이름을 붙였다. 미국에서는 보통 "커피 한잔 할래요?"라고 말하지만, 한국에서는 "티타임 하실래요?"라는 표현을 더 자주 들었다. 올해 한국에 와서 메타에서의 경험에 대해 커피챗을 할 때도 모두가 그렇게 말하곤 했다. 그래서 나도 그 표현을 따라 써 보앉다.

나는 작가, 서점 주인, 카페 운영자, 교수 등 평소 호기심을 갖고 있던 직업군의 사람들로 리스트를 만들었다. "만약 내가 IT 업계에 있지 않았다면, 무슨 일을 하고 있을까?" 하는 질문을 던 졌을 때 떠오른 직업들이었다. 그리고 한 분 한 분께 콜드 메일을 보내기 시작했다.

이메일에는 올해 안식년을 어떤 마음으로 보내고 있는지, 그리고 당신들의 일에서 어떤 점이 궁금한지를 진심을 담아 적었다. 한국에서 이런 식의 연락이 어떻게 받아들여질지 전혀 감이 없었다. 하지만 최악의 경우는 무시당하는 정도였고, 그 정도는 충분히 감수할 수 있었다. 그런데 뜻밖에도 내 예상보다 훨씬 따뜻한 반응들이 돌아왔다. 아마도 코로나 이후 사람과 사람 간의 연결에 다들 목말라 있었기 때문일까? 한 분만 정중히 거절했고, 나머지는 모두 승낙이었다.

실제로 만남이 성사되었을 때 먼저 시간을 내준 것에 대한 감사 인사를 전하고, 나의 이야기를 짧게 들려준 뒤 이런 질문들을 건넸다.

+ 이 일을 어떻게 시작하게 되셨나요?
+ 하루 일과는 무엇인가요?
+ 지금 가장 큰 어려움이나 힘든 일은 무엇인가요?

+ 일과 삶에 대한 주도권이 자신에게 있다고 느끼시나요?

실제로 인상 깊었던 만남들이 많았다. '달걀책방'이라는 그림책 전문 서점의 운영자, '맥파이앤타이거Magpie and Tiger'라는 한국 전통차 브랜드 스타트업의 CEO, '포포포 매거진'이라는 인디 매거진의 대표, 크리에이티브 집단 포지티브제로가 운영하는 갤러리형 카페 '포제'의 운영자, '상상헌'이라는 독립 서점의 대표, 그리고 아티스트 겸 사진작가로 활동하는 미셸Michelle 등 모두 너무 매력적인 분들이었다.

커피나 차 한 잔을 사이에 두고 들은 이들의 이야기는 그 자체로 보석 같았다. 지금까지 걸어온 여정, 앞으로의 비전, 그리고 현재 고민하고 있는 것들까지, 어디서도 듣지 못한 생생한 이야기들이었다. 대화를 마치고 돌아오는 길에는 늘 생각할 거리를 한 아름 들고 오곤 했다.

영혼의 만족과 경제적 안정은
공존할 수 있을까?

여기서는 서울 최초의 파머스 마켓이자 지금은 농부, 창작자, 식품업계 사이에 허브가 된 '마르쉐' 창업자와의 만남을 짧게 옮겨본다. 마르쉐는 단순한 마켓이 아니라, 새로운 아이디어를 실험하고, 서울 시민들에게 로컬 먹거리를 교육하는 플랫폼이다.

샌프란시스코와 뉴욕에 있을 때도 마르쉐의 활동을 멀리서 지켜보고 있었다. 한국산 식재료를 창의적으로 재해석하는 방식과 진정성 있는 사업에 매료되었기 때문이다.

드디어 직접 마켓을 방문했을 때는 버섯이 들어간 쌀 페이스트리부터 고추가 들어간 초콜릿, 오미자 같은 한국 특유의 과일 음료까지 새롭고 흥미로운 음식들을 맛볼 수 있었고, 이 모든 것이 뭔가 더 큰 사업으로 이어지리라는 기대를 갖게 했다.

이런 흐름의 중심에 있는 사람이 누구인지 궁금했고, 꼭 만나보고 싶었다. 그리고 마침내 그녀와 만났을 때는 그 특유의 조용한 에너지에 압도되었다. 메이크업하지 않은 채 포니테일 머리를 한 50대의 그녀는 내성적인 사람으로 보였다. 하지만 따뜻한 수프 한 그릇과 루이보스 차를 나누면서 우리는 서서히 마음을 열었다. 그날의 대화는 '영혼의 건강'이라는, 일면 생소하게 들리는 주제에까지 닿았다.

그녀의 여정은 변화의 연속이었다. 비영리 단체에서 지속 가능성을 알리는 활동을 하며 커리어를 시작했고, 서울에서 사람들이 옥상에 텃밭을 만들 수 있도록 돕는 프로젝트를 직접 기획하고 실행했다. 그 작은 씨앗이 자라 '마르쉐'가 되었고, 2012년에 공동 창업했다고 한다.

성공적인 10년을 보낸 후, 그녀는 요즘 또 다른 기로에 서 있다고 털어놓았다. 이제는 마켓을 유지하는 것만이 아니라 함께 일하는 사람들을 성장시키는 것이 더 큰 고민이었다. 오랫동안 함께해온 동료 민지 님이 경제적 안정을 위해 다른 직장으로 떠났을 때 그녀는 꽤 충격을 받았다고 한다.

물론 직원들은 늘 바뀌는 법이지만, 이번에는 달랐다. 아이가 있는 마흔 살의 민지 님은 누구보다도 이 일을 사랑했고 사명감도 있었지만, 결국 현실을 선택할 수밖에 없었다. 그녀는 자신의 비전이 틀렸다고 느낀 건 아니지만, 민지 님 같은 사람이 머무를 수 있는 길을 만들지 못했다는 자책을 하고 있었다. 그 일을 계기로 '어떻게 하면 안정적이고 좋은 직장을 만들 수 있을까?' 하는 고민을 하게 되었다고 한다.

내가 아는 디자이너들도 예술을 전업으로 할 것인지, 아니면 안정을 위해 IT 업계에 남을 것인지 같은 딜레마에 직면해 있었다. 창작 의지와 열망은 있지만, 그것을 실행할 시간과 에너지는 늘 부족한 현실. 우리는 함께 아이디어를 떠올려봤다. 기업이 이런 미션 중심의 조직과 파트너십을 맺을 순 없을까? 새로운 비즈니스 모델을 통해 의미와 수익을 모두 얻을 수 있는 구조를 만들 순 없을까? 아쉽게도 당장 명확한 해답은 없었지만, 적어도 그 대화는 가능성과 희망을 품게 했다.

우리는 헤어지며 다시 만나자는 약속을 했지만 나의 Year-off는 다른 방향으로 흘러갔고, 서로 연락을 이어 가진 못했다. 그럼에도 불구하고 종종 그녀와의 대화가 떠오른다. 언젠가 다시 만나 "네, 우리가 결국 해냈어요"라고 말할 수 있기를 바란다.

나다운 삶을 사는
사람들의 강단

2017년, 메타 본사 캠퍼스에서 손미나 작가를 처음 만났다. 그녀는 짧은 저널리즘 프로젝트로 실리콘밸리를 방문 중이었고, 지인을 통해 연결되었다. 어렸을 때 TV에서 종종 봤던 익숙한 얼굴이지만, 그 외의 정보는 거의 없었다. 그 짧은 만남 이후 그녀를 검색해보니, 주요 뉴스 앵커로서의 안정적인 커리어를 버리고 자신만의 새로운 삶을 개척하고 있는 모습이 인상적이었다.

그녀는 허핑턴포스트 코리아를 이끌었고, 더스쿨오브라이프 The School of Life(인생학교) 코리아를 설립했으며, 현재는 다큐멘터리 영화 제작과 글로벌 비즈니스 창업에도 도전하고 있다. 한국어, 영어, 스페인어를 유창하게 구사하는 그녀는 언어 학습과 여행, 자전적 이야기를 소재로 한 다수의 책을 출간하기도 했다.

'자유로운' '글로벌한' '두려움 없는' 같은 수식어가 떠오르는 그녀의 삶은 내가 롤모델로 생각하는 모습에 가장 가까워보였다. 그녀를 꼭 한번 다시 만나보고 싶었지만 너무 바쁠 것 같아서 선뜻 연락하기가 어려웠다. 그러다 Year-off를 시작하면서 지금이야말로 기회가 아닐까 하는 생각이 들었다. 그래서 용기 내어 내 안식년의 의미와 함께 만나고 싶다는 메시지를 전했다. 놀랍게도 그녀는 내 인스타그램을 통해 나의 여정을 이미 지켜보고 있었다며 더없이 따뜻한 답장을 보내왔다. 그리고 미국 내

한인 디아스포라를 다룬 다큐멘터리 <초선Chosen>의 감독 Q&A 세션에 나를 초대해주었다.

그녀를 다시 마주한 순간, 그녀의 말보다도 오히려 경청하는 태도에 깊은 인상을 받았다. 물론 한마디 한마디에도 강한 힘이 느껴졌다. 내가 고맙다고 인사하자, 그녀는 가능성을 가진 사람들을 서로 연결해 그 안에서 새로운 기적이 일어나는 것을 지켜보는 것이 큰 기쁨이라고 했다.

그녀 역시 나처럼 한국과 유럽, 두 곳을 기반으로 삶을 꾸리고 싶은 꿈을 갖고 있었다. 자신에게 스페인은 집처럼 편안함을 느끼게 해주는 곳이라며, 그곳에서 양 대륙을 오가는 삶을 조금씩 만들어 가고 있다고 했다. 그 말을 듣는 순간 내 안에 있던 무언가가 강하게 울렸다. 내가 간절히 바라던 삶을 이미 살아가고 있는 누군가가 있다는 사실, 그것만으로도 이 길이 허황된 판타지가 아니라 충분히 싸워볼 만한 가치가 있다는 확신이 들었다.

내가 그녀를 롤모델로 삼은 것은 단지 성취 때문만은 아니었다. 결과를 확신할 수 없는 상태에서 새로운 길을 개척하며 불확실성과 싸우는 자세, 그리고 그 과정에서 자기다움을 잃지 않는 용기와 태도 때문이었다. 그녀는 이 길이 결코 쉽지만은 않았다는 솔직한 소회와 함께 많은 시행착오를 겪었다고 했다.

그날 함께 본 영화 <초선> 또한 나에게 깊은 울림을 남겼다. 법조계에서 다큐멘터리 감독으로 전향한 한인 2세 감독이 만든 이 영화는, 역시 한국계 미국인 변호사에서 정치인으로 변신한 주인공 데이비드 김이 인종과 신분의 벽을 넘어 정의를 위해 싸워 2020년 연방하원의원에 출마하는 과정을 담고 있었다.

영화는 이 세상이 곧잘 흑백논리의 단순한 프레임에 갇히고 마는 현실도 보여주었다. "저 사람은 우리 편이야, 아니야?" 데이비드 김의 선거 운동은 정치적인 도전이기 이전에, 그 사람의 존재 자체를 인정받기 위한 투쟁처럼 느껴졌다.

젊고 다양한 LA 커뮤니티의 지지는 있었지만, 한국계 언론, 심지어 부모에게조차도 그는 온전히 받아들여지지 못했다. 그의 복합적인 정체성은 더 넓은 공감 능력과 리더십의 원천이었지만, 단일한 정체성을 고수하고 싶어 하는 이들에게는 낯설고 불안정하게 느껴졌다.

영화를 보면서 '한국계 미국인'이라는 이중 정체성으로 갈등하며 살아온 나의 성장 과정도 떠올랐다. 생각해보면 나는 언제나 내가 속한 사회에서 흑백의 프레임에 나를 맞추려 애쓰며 살아왔던 것 같다.

그날 밤, 손미나 작가를 만난 것과 <초선>을 본 경험은 하나의 공통된 메시지로 이어졌다. '진짜 자신의 삶을 산다는 것에는 반드시 대가가 따른다.' 손미나 작가와 데이비드 김은 그럼에도 불구하고 자기 길을 꿋꿋이 걸어가고 있었다. 손 작가는 안정적이고 명예로운 커리어를 내려놓고 자기 내면의 목소리에 더 귀 기울이는 쪽을 택했다. 불확실성이 크더라도, 그게 자신이 바라는 삶이라면 그 길로 나아가는 것을 주저하지 않았다. 데이비드 김은 가까운 사람들조차 등을 돌린 상황 속에서도 더 정의롭고 포용적인 세상을 위해 싸웠다.

둘 다 타인의 기대에 자신을 맞추지 않았다. 그리고 있는 그대로의 자신으로 받아들여질 수 없다면 그 위에 쌓은 것들은 의미 없다는 것을 알고 있었다.

그날 밤, 다이어리에 손미나 작가가 했던 말들을 적어두었다. Year-off가 끝나고도 오래도록 내 삶의 방향을 잡아준 문장들이다.

"진짜로 원하는 것에 모든 에너지를 올인하고, 나머지는 과감히 버려야 한다. 그래야만 기회가 찾아온다."

"누구나 자신만의 여정이 있다는 믿음이 필요하다. 그리고 그 길 전체에 걸쳐 그 믿음을 놓지 말아야 한다."

이 대화가
내게 가르쳐준 것들

1. **사람들은 생각보다 훨씬 더 열려 있다.**

처음엔 사람들이 나를 위해 귀한 시간을 내주고 그저 호의를 베푸는 거라고만 여겼다. 하지만 그들 역시 나에 대해 궁금해하고 있었다는 걸 알게 되었다. 맥파이앤타이거의 대표는 이렇게 말했다. "인생의 전환점은 대부분 그저 손을 내밀었을 때 시작돼요." 지금 의미 있는 일을 하는 사람들 대부분도 선배들에게 조언을 구하며 여기까지 왔다고 했다. 진짜 리더는 낯선 사람과 나누는 대화 한 번이 얼마나 강력한지 알고 있다. 그리고 훌륭한 멘토들은 가르치면서 동시에 배운다는 것을 잘 알고 있다. 그들은 우리의 대화를 희생이 아닌 투자로 여겼다.

2. **'9 to 6'가 아닌 삶은 사실상 24시간 내내 일하는 것을 의미하기도 한다.**

나는 유연한 삶을 살고 싶다는 생각에 '9 to 6가 아닌 라이프스타일'에 매력을 느꼈다. 하지만 수많은 창업가들을 만나면서 그 생각이 얼마나 순진했는지를 깨달았다. 그들은 단지 다른 방식으로 일하는 것이 아니라, 성공을 보장할 수 없는 일에 자신의 삶 전체를 쏟아붓고 있었다. 그건 더 많은 자유라기보다 전적인 헌신에 가까웠다. 그들은 재정적인 리스크뿐만 아니라 가족이나 친구와 보내는 시간, 자신만의 공간 등을 희생하고 있었다. 내가 상상했던 유연한 삶과는 오히려 반대되는 모습이었다.

3. **모두가 고군분투하고 있었다.**

업종이나 성공의 정도와 상관없이 내가 만난 사람들 중 단한 사람도 '힘들지 않았다'는 이는 없었다. 많은 사람들이 중간에 포기할 뻔하거나, 전혀 다른 길로 방향을 바꾸기도 했고, 결국 사업에 실패한 사람도 있다. 나는 지금까지 직원이나 관리자의 위치에서만 일했는데, 그들은 자기 자신이 리더이자 실행자였다. 스스로를 성장시키면서 동시에 타인을 이끌어야 했다.

우리는 보통 '엄청난 성공'이나 '완전한 실패'의 이야기만 듣곤 하기 때문에 창업가의 삶을 너무 멀고 극단적으로 느낀다. 하지만 진실은 대부분의 사람들이 그 사이 어딘가에서 조용히 하루하루 길을 찾아가고 있다는 것이다. '남의 떡이 더 커 보여' 막연히 다른 삶을 부러워했던 나를 돌아봤다. 결국 모든 길에는 각자의 어려움이 있었다.

4. 자신의 일을 사랑하는 사람들 모두 현실과 싸우고 있었다.

나는 늘 작가, 카페 주인, 예술가 등 독립적인 창작자들에게 끌렸다. 그들이 단지 행복해 보여서가 아니라, 뭔가 어디에도 휘둘리지 않는 단단한 중심을 갖고 있는 사람들로 느껴졌기 때문이다. 자신의 소명에 확신을 가진 이들의 여정은 단순히 빠른 성공을 위한 것이 아니라, 오래도록 지속될 무언가를 쌓는 과정이었다.

어떻게 하면 원하는 삶을 설계할 수 있을지 고민하던 나에게 상상헌의 대표님이 해준 말씀이 있다. "저는 얼마나 빨리 올라갈 수 있는지가 아니라, 얼마나 오래 버틸 수 있는지가 더 중요했어요." 그녀는 아름다운 한옥을 사서 작은 서점을 열고 싶다는 꿈을 꾸었고, 결국 그 꿈을 이뤘다. 하지만 곧이어 코로나19라는 심각한 위기에 부딪혔고, 혹독한 겨울, 난방 문제, 셀 수 없이 많은 불확실성과 싸워야 했다. 그녀는 그 고된 시절을 담담히 회상했다. 그 표정이 정말 평온하고 만족에 가까운 느낌이어서 기억에 남았다. 그녀는 자신의 방식으로 '충만한 삶'의 기준을 세웠고, 그 삶이 요구하는 대가를 기꺼이 감내하고 있었다.

나는 마음속에 저울 하나를 그려보았다. 한쪽에는 매일 겪는 일상의 어려움을 상징하는 무수히 많고 작은 돌멩이들이, 그리고 다른 한쪽에는 '만족감'이라는 단 하나의 커다란 돌이 같은 무게로 놓여진 저울. 만약 누군가의 직원으로 살아간다면, 어려움은 덜하지만 그만큼 만족감도 덜할 수 있다.

정답은 없다. 다만 선택이 있을 뿐이다. 나는 어떤 종류의 어려움을 감당할 수 있을까? 진짜 깊은 만족을 얻기 위해 그만큼의 고됨을 견딜 수 있을까? 아니면, 그런 충만함이 어떤 느낌인지조차 모른 채 현실에 안주하며 살아갈까? 아직은 잘 모르겠다. 하지만 분명한 건, 시간이 얼마나 걸리든 나는 계속해서 탐색해 갈 거라는 사실이다.

낯선 사람과의 대화를
일상화하자

뉴욕에서 회사를 다니는 친구에게 '낯선 사람들과의 티타임' 프로젝트를 얘기했더니, '자녀를 직장에 데려오는 날 Bring your child to work day'이나 '잡 섀도잉 job shadowing'을 떠올리게 한다며 흥미로워했다.

직장에서 잡 섀도잉은 신입 직원들이 선배의 하루를 따라다니며 실무를 배울 수 있는 제도를 일컫는다. 자녀를 직장에 데려오는 날은, 아이들이 부모가 회사에서 어떻게 일하는지를 현장에서 직접 볼 수 있는 기회이다.

잠깐, 그런데 왜 어른들은 이런 기회를 갖지 못하는 걸까? 진로를 선택하기 전에 그 분야에 종사하는 전문가에게 충분히 물어볼 기회를 가진 사람들이 과연 몇이나 될까? 그들의 현실적인 일상 업무를 직접 들여다본 사람은 얼마나 될까?

어릴 적 나는 그림 그리기를 좋아해서 화가를 꿈꿨다. 하지만 예술은 생계를 유지하기 어렵다는 인식이 있었고, 실제로도 할아버지가 그런 어려움을 겪은 뒤 다른 직업으로 전향하셨기에 결국 나는 대학에서 '디자인' 학과를 전공했다. 이 한 가지 선택이 다음 결과로 이어졌고, 그렇게 10년 넘어 디자인 분야에 종사했다.

사실 대학에 들어가기 전까지 나는 현직 아티스트를 만나본 적이 없었다. 그런 아쉬움 때문에 대학 시절에는 학생들이 실제 디자인 스튜디오를 방문해보는 일종의 '현장 체험 프로그램'을 기획하기도 했다. 그런데 만약 내가 좀 더 어렸을 때 아티스트나 작가, 창업가들을 이런 식으로 만나볼 수 있었다면, 어쩌면 내 선택도 달라지지 않았을까.

그해 Year-off에 나는 창의성과 유연함이 공존하는 직업과 라이프스타일을 적극적으로 모색했다. 평소 내가 일해온 IT 업계 바깥의 사람들을 만날 수 있는 특별한 기회였다. 무엇보다 중요한 것은, 그런 만남을 시도해볼 수 있는 에너지가 있었다는 거다. 나는 내성적인 편이라 하루 종일 회의로 에너지를 소진하고 나면 아무리 뜻 깊은 만남이라 해도 또 다른 사회적 활동을 하는 것이 벅찼다. 안타깝게도 순수한 동경과 호기심만으로 낯선 사람에게 다가가는 것은 어른들에게 그다지 흔한 일이 아니다. 만약 내가 미국에서 계속 직장을 다녔다면, 나 역시 그렇게 하지 못했을 것 같다.

그런데 잠시 해외에 머물고 있다는 사실은 나에게 자연스러운 첫 마디를 만들어줬다. "저는 ○○○에서 왔고, 지금은 잠시 쉬면서 다음 스텝을 모색 중이에요. 평소 궁금했던 삶을 사는 사람들과 만나 이야기를 나누고, 그 배움을 기록하고 있습니다." 이런 소개는 호기심을 불러일으켰고, 많은 사람들이 기꺼이 응답해줬다.

이런 만남이 더 당연한 일이 되었으면 좋겠다. 다른 라이프 스타일을 직접 마주하고, 그런 삶의 주인공과 대화하는 것은 굉장히 강렬한 인상을 남긴다. 단 한 번의 티타임이 인생의 흐름을 바꿀지도 모른다.

이번 여정은 나를 다시 학생으로 만들어줬다. 궁금한 게 많고, 배우고 싶고, 가능성에 열려 있는 사람. 당신도 스스로에게 '다시 학생이 될 수 있는 기회'를 허락해주면 어떨까? 낯선 사람에게 다가가고, 차 한 잔을 마시며 이야기를 나누는 일을 자연스럽게 만든다면? 그건 어쩌면 인생을 바꾸는 전환점이 될 수도 있고, 혹은 대단한 사건까진 아니어도 최소한 의미 있는 성장의 기회가 될 것이다.

Questions & Tips

목적이 있는 티타임:
의지를 갖고 네트워크 확장하기

새로운 사람들을 만나던 중, 나의 이런 프로젝트에 힘을 실어주는 유튜브 영상을 보게 되었다. 《멈추지 마, 다시 꿈부터 써봐》를 쓴 김수영 작가는 "운명을 바꾸고 싶다면 다음과 같은 세 가지를 하라"고 권했다. 책을 읽고, 만나는 사람을 바꾸고, 장소를 바꾸라는 것이다. 그녀는 또한 새로운 인연을 맺을 때 '무엇을 얻을까'보다 '무엇을 줄 수 있을까'를 먼저 생각하라고 강조했다. 실제로 내가 낯선 이들과 대화할 때도 서로 공감대를 찾고 새로운 관점을 나눌 때 대화는 더 깊고 의미 있게 흘러갔다.

1. **만나고 싶은 사람 세 명을 적어보자.**
라이프스타일, 하는 일, 사고방식 등이 궁금한 사람들의 이름을 떠올려보라.

2. 간단한 소개글을 작성하여 이메일이나 DM을 보내보자.
   + **'훅'으로 시작하라:** 어떤 점이 흥미로운가?
   + **호기심을 표현하라:** 무엇을 배우고 싶고, 어떤 점이 닮고 싶은가?
   + **당신이 줄 수 있는 가치도 함께 제공하라 :** 당신만의 관점이나 인사이트는 무엇인가?

마지막으로, 진정성과 호기심을 갖고 친절한 태도로 다가가자. 이거면 충분하다.

동종업계
사람들과의 티타임

"우리에겐 창문과 거울, 둘 다 필요해요."

메타 시절 함께 일했던 동료 니나Nina가 자신의 코칭 프로그램 멘토에게 들은 말이라며 전해줬다. 우리에겐 현재의 세상 너머를 볼 수 있게 해주는 '창문'이 필요한 동시에, 자기 자신을 비춰주는 '거울'도 함께 필요하다는 설명이다. 말하자면 창문은 우리가 상상도 못 했던 가능성의 문을 열어주는 롤모델 같은 것이고, 거울은 나와 비슷한 배경과 삶의 경험, 정체성을 공유하는 사람들을 통해 '나도 할 수 있겠구나' 하는 소속감과 자존감을 얻는 것에 비유할 수 있다. 창문은 우리를 더 높이 이끌어주고, 거울은 우리 안의 가능성을 다시 일깨워준다.

니나는 메타의 두 번째 흑인 여성 디자이너였다. 새로운 직장을 위해 남편과 함께 실리콘밸리로 이사 온 그녀는 다양한 배경을 가진 성공한 리더들을 '창'으로 보며 많은 자극을 받았지만, 자신과 비슷한 삶을 살아온 '거울'은 거의 찾을 수 없었다. 실리콘밸리에는 그녀가 필요로 하던 커뮤니티가 부족했다. 그녀는 경력도 탄탄하고, 자신감이 있었으며, 커리어 비전도 뚜렷했지만, 그럼에도 왠지 모를 공허함이 있었다. 그때 '창문과 거울'이라는 프레임이 그 공백을 들여다볼 수 있게 도와주었고, 결국 그녀는 뉴욕으로 거처를 옮겼다. 그곳에서 니나는 더 많은 흑인 및 라틴계 디자인 리더들과의 네트워크를 만들 수 있었다. 그녀가 자신에게 필요한 환경을 적극적으로 만들어 가는 모습은 나에게도 깊은 영감을 주었다.

나 또한 Year-off 동안 낯선 사람들과의 티타임을 통해 세상에 대한 시야를 넓히는 '창'을 만들고 있었다. 그리고 그 과정에서 자연스럽게 '거울'도 생겨났다. 나의 경력과 안식년 소식이 블로그 등을 통해 자연스럽게 입소문이 났고, IT 업계 사람들이 연락을 해오기 시작했다. 그들은 내가 메타에서 팀을 이끌었던 경험이나 Year-off를 갖게 된 배경과 계획 등을 궁금해했다.

그중 한 명이 사라Sarah였다. 메타에서 함께 일했던 그녀는 코로나 기간 중 한국으로 이주했고, 이후 한국 스타트업들을 대상으로 프리랜서 프로덕트 디자이너로 일하고 있었다. 흥미로웠던 건, 한국에 있는 회사의 많은 임원들이 사라의 디자인 실력 외에도 실리콘밸리의 일하는 방식에 깊은 관심을 보였다는 점이다. 팀 빌딩 전략은 무엇인지, 성과 평가는 어떻게 하는지, 일대일 미팅이나 회의는 어떻게 하는지, 서로 다른 부서와 어떻게 협업하는지 등 구체적인 조직 운영 방식에 대한 질문이 많았다.

    사라는 실리콘밸리의 다양한 회사에서 일했지만, 팀이나 조직을 관리해본 경험이 없었다. 그래서 내가 한국에 도착하자마자 그녀는 내게 한국 기업의 리더들에게 메타에서의 리더십 경험을 들려줄 수 있겠느냐고 물었다. 나는 기꺼이 응했다. 내가 직접 경험한 시행착오들과 값비싼(!) 코칭을 통해 배운 교훈들을 함께 나누고 싶었다.

    내가 만난 리더들은 대부분 성장에 대한 열망이 강했고, 단순히 높은 성과만이 아니라, 팀을 잘 운영할 수 있는 방법을 진지하게 고민하고 있었다. 그들은 교과서 같은 이상적인 조언 말고 내가 실제로 어떻게 문제 해결을 하고 팀을 이끌었는지에 대한 구체적인 전략을 듣고 싶어 했다. 아이러니하게도, 이런 만남은 누군가 나에게 배움을 요청하며 성사되었지만, 결국 나도 그들로부터 똑같이 많은 것을 배우고 있었다.

알려주면서 나도 배우는
선순환

사라가 가장 먼저 소개해준 곳은 그녀가 이전에 프리랜서로 일했던 당근마켓이었다. '한국의 로컬 이베이^{eBay}'라고 불릴 정도로 빠르게 성장한 이 스타트업은 이미 일본과 캐나다에도 진출한 상태였고, 지금도 주목받는 기업 중 하나다.

그곳의 프로덕트 리더인 에디^{Eddy}는 팀장 리더십과 여러 팀 간 협업 방식에 깊은 관심을 보였다. 에디와 티타임 후 그는 같은 주제로 좀 더 많은 이야기를 나눠보면 좋겠다며 디자인 리드와 연결해줬다. 그 리드는 나를 더 많은 팀들과의 Q&A 세션에 초대했고, 그곳에서 열띤 토론과 질의응답이 이뤄졌다.

정말 순식간에 시간이 지나갔다. 그들과 함께한 모든 대화가 즐거웠고, 사람들이 서로 아이디어를 주고받는 모습을 보면서 예전 우리 팀원들이 떠오르기도 했다. 이제 막 커리어를 시작하던 무렵, 뭐든 배우고 성장하겠다며 열의를 다지고 안간힘을 쓰던 나의 초심도 고스란히 떠올랐다.

이 의미 있던 대화는 사라가 내게 했던 말을 다시 떠올리게 했다. 지금의 한국 스타트업 리더들은 엄청난 성장 욕구와 열정을 갖고 있고, 그런 그들에게 나도 작게나마 의미 있는 도움을 줄 수도 있다는 사실, 그것만으로도 충분히 보람 있었다.

잊고 있던 열정에
다시 불이 붙다

어느 날 다큐멘터리 감독, 삼성의 디자인 리드, ESG 스타트업 대표 등 다양한 분야의 사람들과 함께하는 조촐한 저녁 자리에 초대받았다. 그 자리에서 수력 에너지를 활용한 램프 회사를 창업한 트레이시Tracy와의 대화를 계기로 새로운 프로젝트가 시작됐다. 그녀는 SK와 함께 탄소발자국을 줄이는 방안을 모색하고 있었고, 나는 임직원들의 행동 변화를 이끄는 프로그램을 디자인하는 컨설턴트로 합류하게 되었다.

  그 프로젝트를 통해 유엔의 넷제로Net-Zero 이니셔티브와 SK 같은 대기업들이 어떤 방식으로 기후 문제 해결에 접근하고 있는지를 알게 됐다. 행동 변화 프로그램부터 지속 가능한 제품 디자인까지 그들이 고민하는 영역은 생각보다 다양했고, 내가 직접 디지털 제품을 디자인하는 것은 아니었지만, UX 원칙을 정리하는 역할은 꽤 흥미롭고 의미 있어 보였다. 덕분에 내가 왜 디자인이라는 분야에 처음 반하게 되었는지도 다시금 떠올릴 수 있었다.

  대학 시절 나에게 큰 영향을 미친 두 분의 교수님이 계셨는데, 한 분은 지속 가능한 디자인sustainable design을 연구하셨고, 다른 한 분은 미디어를 통한 사회적 영향력을 다루셨다. 나는 시각적 커뮤니케이션이 사람들의 인식에 어떤 영향을 주는지, 또 인터랙티브 디자인이 어떻게 사회 변화를 이끌 수 있는지를 배우며 깊은 흥미를 느꼈다. 그때 나도 언젠가 디자인으로 사회에 기여하고 싶다는 꿈을 가졌지만, 졸업 후 그 길을 구체적으로 찾는 데 어려움을 겪으면서 점점 멀어지게 되었다. 그런데 이번 프로젝트를 통해 그때의 열정이 다시 살아났다. 내가 이 길을 처음 선택했던 이유가 다시 또렷해진 것이다.

글로벌 진출을 꿈꾸는
한국 AI 스타트업과의 만남

그날의 티타임은, 나중에 알고 보니 채용을 염두에 둔 만남이었다. 한 한국 AI 반도체 스타트업 대표와의 대화였는데, 그 전까지만 해도 나는 'AI 칩'이 뭔지도 잘 모르는 상태였다. 그래서 처음엔 가벼운 마음으로, 그저 호기심을 갖고 여럿이서 이야기를 나눴다.

나는 반도체에 대해선 잘 몰랐지만, 두 가지는 분명히 알고 있었다. 하나는 AI가 모든 이슈를 잡아먹을 만큼 그 잠재력이 엄청나게 크다는 점, 그리고 또 하나는 삼성과 SK하이닉스 같은 메모리 칩 기업들이 한국 경제 성장에 큰 역할을 했다는 사실이다. 그렇기에 한국에서 미래의 핵심 기술인 AI 칩을 개발하는 스타트업이 등장했다는 건 충분히 비전이 보이는 흥미로운 이야기로 다가왔다.

그 만남 이후, 그 회사로부터 파트타임 혹은 풀타임으로 합류할 수 있는지를 묻는 이메일을 받았다. 하지만 그 무렵 나는 이미 프리랜서로 몇 가지 프로젝트를 진행 중이었고, 시기상 맞지 않아서 당장은 함께할 수 없었다. 대신 앞으로도 연락을 주고받기로 했다. 무엇보다 흥미로웠던 건 이 회사의 대표가 '최고 수준의 디자이너'를 굉장히 적극적으로 찾고 있다는 점이었다. 순간 '디자인 리드'가 반도체 회사에서 어떤 가치를 만들 수 있을지 호기심이 일었다. 아니 그보다 반도체 회사에 '애플스러운' 브랜드 아이덴티티를 입힌다는 상상만으로도 흥미로웠다. 그러게, 안 될 건 또 뭐야 싶었다.

새로운 커리어
가능성을 발견하다

오랜만에 예전 멘토이자 친구인 존John에게 연락했다. 그는 내가 디자인 커리어를 막 시작했을 때부터 내게 중요한 '거울' 같은 존재였다. 우리가 처음 만난 건 내가 대학생이던 때고, 그는 모토로라에서 디자인 리더로 일하고 있었다. 이후 모토로라가 구글에 인수되고, 여러 글로벌 기업에서 디자인 리더십을 쌓은 그는 학계로 전향해 디자인 교수로 활동했다. 그런데 거의 10년 만에 다시 연락이 닿았을 때 그는 뜻밖에도 LG전자에서 임원으로 일하고 있었다. 오랜만에 다시 만난 우리는 최근의 커리어 전환과 그 배경에 대한 이야기를 나눴다.

존은 학교와 일반 기업 각각의 장단점에 대해 생각지도 못한 인사이트를 들려주었다. 디자인 분야는 다른 전통적인 학문과 달리 학계에서도 기업과의 협업이 활발하기 때문에, 디자인 교수의 역할은 논문을 쓰는 데만 국한되지 않고 일종의 컨설턴트처럼 활동한다고 했다. 그래서인지 디자인 교수라는 직업은 안정성과 동시에 어느 정도 창의적인 자율성을 갖춘 희귀한 포지션처럼 보였다.

물론 관료주의의 특징과 행정 업무는 갖고 있지만, 교수는 최소한 기술적으로는 직속 상사가 없는 구조이고, 기업에서보다 자율성과 유연성이 보장된다는 점도 흥미로웠다. 그는 학생들과 함께하는 에너지에서 큰 보람을 느꼈고, 최신 트렌드를 지속적으로 접할 수 있다는 점도 만족스럽다고 했다. 최근 LG로 복귀한 것도 실무 현장과 다시 연결되기 위한 선택이었다. 이를 통해 학생들에게 더 현장감 있는 인사이트와 생생한 경험을 전달하고 싶다고 했다. 그의 이런 커리어 흐름이 무척 인상 깊게 다가왔다.

디자인 분야에서 교수나 연구자가 되는 것은 내가 오래전부터 꿈꿔온 유연한 라이프스타일과 가장 가까운 커리어로 보였다. 대화를 마무리하며 존은 LG전자에서 자신이 이끄는 교차 기능 팀 cross-functional design team 을 대상으로 강연을 해보지 않겠냐고 제안했다. 나는 기쁜 마음으로 연말쯤 강연을 하기로 약속했다.

이 대화가
내게 가르쳐준 것들

동종업계 사람들과 나눈 대화는 내게 아주 중요한 '거울'이 되어 주었다. 그들이 내게서 닮고 싶은 미래의 모습을 보았던 것처럼, 나 역시 그들을 통해 과거의 내 모습을 떠올릴 수 있었고, 앞으로 내가 되고 싶은 모습에 대해서도 더 깊이 생각해보게 되었다.

영향력 있는 제품을 만들고 싶어 하는 디자이너들의 열정, 그리고 이제 막 팀과 프로세스, 조직 문화를 만들어 가기 시작한 리더들의 고민 속에서 나는 나 자신을 보았다. 이런 대화들은 내가 디자인과 기술 혁신을 왜 좋아하게 되었는지, 그리고 사람들의 더 나은 삶에 이바지하는 이 일을 얼마나 즐겼는지를 다시 떠올리게 했다. 특히 경쟁이 치열한 조직에서 리더가 느껴야 했던 피로감 때문에 점점 잊고 있던 '함께 아이디어를 실현시켜 가는 협업의 기쁨'을 다시금 상기시켜 주었다.

나는 항상 성장을 추구해왔지만, '지속 가능한 성장'이라는 과제는 왠지 어렵게만 느껴졌다. 20대에는 끝없는 호기심과 추진력으로 앞만 보고 달렸고, 종종 내 몸이 감당할 수 있는 것보다 더 많은 에너지를 일에 쏟아부었다. 밸런스나 경계를 잘 몰랐고, 자기관리도 우선순위에 없던 시절이었다. 그렇기에 빠른 성취감 뒤에는 어김없이 번아웃이 찾아왔다. 그럴 때마다 '이 길이 나와 맞지 않는 건 아닐까?' 하는 생각이 들곤 했다. 주변의 많은 리더들도 비슷한 이유로 지치기 일쑤였고, 번아웃은 피할 수 없는 운명처럼 느껴졌다. 그렇게 어려움을 느낄 때면 우리는 곧잘 '떠나는 것'을 해결책으로 삼았고, 새로운 무언가를 찾아 끊임없이 이동했다.

하지만 이번 Year-off에 이 바닥의 다양한 회사와 사람들을 만나면서 중요한 몇 가지를 다시 깨달았다.

1. **경험과 전문성은 큰 자산이다.**

이 업계에서 오랜 시간을 보내며 쌓아온 내 경험과 인사이트는 이제 주변 사람들에게 충분히 의미 있는 가치를 제공할 수 있게 되었다.

2. **IT는 글로벌 산업이다.**

IT 업계는 글로벌 확장성이 높은 독특한 산업이다. 그리고 한국계 미국인이라는 내 정체성은 두 나라에서 생활하고 일할 수 있는 기회가 될 수 있지 않을까 하는 기대가 생겼다.

3. IT 업계는 비교적 유연한 근무 환경을 제공한다.

내가 만난 많은 사람들은 원격이나 하이브리드 근무를 하고 있었다. 이는 물리적 출퇴근이 필수적인 다른 산업과는 매우 다른 모습이었고, '장소에 덜 구애받는 일'을 할 수 있다는 건 정말 드물고 감사한 일이라는 걸 다시 한번 느꼈다.

이 중에서도 마지막 두 가지 깨달음은 특히 흥미로웠다. 글로벌 IT 기업에서 일한 나의 경험과 한국계 미국인이라는 배경이, 한국 기업의 해외 진출에 기여할 수 있으면서도 내가 원하던 유연한 라이프스타일을 유지할 수 있는 길이 되지 않을까 생각했다.

그리고 첫 번째 깨달음은 내 커리어를 다시 돌아보게 만들었다. 나는 이 분야에서 오랜 시간 일해오며 신뢰와 전문성을 쌓았고, 그것은 향후 내가 일하는 방식에도 더 많은 자율성과 선택권을 줄 수 있다는 점에서 큰 무기였다. 무작정 전혀 새로운 분야에서 다시 시작하기보다, 지금의 영역 언저리에서 내가 원하는 방식으로 경로를 다듬고 유연한 삶을 추구하는 것도 하나의 방법이겠다는 생각이 들었다.

1년간의 Year-off를 시작할 때만 해도 완전히 새로운 커리어로 전환하고 싶은 마음이 컸다. 하지만 이번의 대화들을 통해 조금은 다른 시각을 갖게 되었다. 나는 내가 하던 일 자체에 대한 회의감보다 유연한 라이프스타일에 대한 갈망이 더 컸던 것인지도 모른다. 유연한 근무 환경이 보장된다면 '무슨 일을 하느냐'는 덜 중요할 수 있다. 게다가 그 일이 한때 내가 사랑했던 일이라면 더더욱 무시할 게 못되었다.

'낯선 사람들과의 티타임'을 통해 나는 새로운 가능성의 창을 열 수 있었고, 그 과정에서 예전엔 미처 몰랐던 현실적인 어려움도 함께 알게 되었다. 반면, '동종업계 사람들과의 티타임'은 내게 거울이 되어, 왜 내가 이 길을 선택했는지를 상기시켜 주었다.

계획했던 1년의 절반가량을 지나고 있는 시점에서 나는 이 모든 배움과 깨달음을 통해 다시 활력을 얻었다. 그리고 대화가 쌓일수록 머지않아 좀 더 명확한 방향이 보일 거라는 확신이 들었다.

Questions & Tips

멘토를 적극적으로 찾아라

당신이 가고자 하는 길에서 5~10년 정도 앞서 있는 사람을 떠올려보라. 경험이나 관점, 성취 면에서 당신이 존경하는 사람은 누구인가? 그들의 이름을 적어보자.

그리고 그들에게 꼭 묻고 싶은 질문 세 가지를 적어보자. 단순한 조언을 넘어서 의미 있는 인사이트를 끌어낼 수 있는 질문이면 더욱 좋다.

이름과 질문 1: _____

이름과 질문 2: _____

이름과 질문 3: _____

누군가의 멘토가
되어보자

이번에는 2~5년 전의 당신을 떠올리게 하는 사람을 생각해보자. 누군가의 멘토가 된다는 것은, 단순히 무언가를 제공한다고 되는 것이 아니다. 그것은 자연스럽게 관계와 신뢰를 쌓아 가는 속에서 이루어진다. 당신의 주변에 '언제든 커피챗을 나눌 준비가 되어 있다'는 신호를 보내라. 가끔 안부를 묻는 것도 좋다. 짧은 대화만으로도 누군가에게는 큰 전환점이 될 수 있고 당신에게도 뜻밖의 배움과 보람을 안겨줄 것이다.

만약에 책을 써본다면 어떨까?

　글쓰기에 좋은 장소를 찾아다니다 보니 새삼 내가 서울의 문학 천국 같은 곳에 살고 있다는 걸 깨달았다. 카페를 오가는 길에는 작은 골목마다 멋진 독립 서점들이 숨어 있었고, 자주 가던 카페들 중 상당수가 서점 역할을 함께하는 북카페이거나 출판사와 연결된 공간이기도 했다. 카페꼼마, 카페 창비, 1984, 진부책방 스튜디오 같은 곳들 말이다.

　책은 언제나 내 삶의 일부였다. 책을 좋아하던 엄마 덕분에 도서관은 어린 시절 나의 놀이터였다. 미국에 살 때도 공공도서관이나 반스앤노블 같은 대형서점에서 몇 시간이고 보내곤 했다. 갤러리에서 작품을 감상하듯 책 표지를 구경하고, 책 냄새에 푹 빠져들며 시간을 보냈다. 지금도 책 냄새를 맡으면 마음 깊은 곳에서 그 시절에 대한 향수가 피어난다.

홍대의 독립 서점들은 저마다 색깔이 뚜렷했고, 주로 시, 에세이, 여행, 음식, 그림책 같은 장르가 눈에 띄었다. 그중에서도 나는 그림책에 특히 끌렸다. 어린이가 읽는 책이라는 고정관념 없이, 한국에서는 그림이 중심이 되고 글이 보조적인 역할을 하는 다양한 그림책들이 하나의 장르를 형성하고 있는 듯했다. 어른도 시각적 스토리텔링의 즐거움을 만끽할 수 있어야 하기에 이런 다양한 그림책을 보는 것은 너무 즐거웠다.

나는 여행할 때마다 그림책을 기념품처럼 모으는 습관이 있다. 그 나라의 언어를 몰라도, 그림만으로도 마음을 사로잡는 책들이 많았다. 이스라엘, 이집트, 네팔, 일본, 노르웨이, 튀르키예 등 다양한 나라에서 그림책을 사왔고, 그 책들은 이야기는 반드시 언어로만 전달되는 것이 아니라는 사실을 일깨워주곤 했다. 그렇게 예술과 스토리텔링을 좋아하는 마음이 내 안에 조용한 꿈 하나를 심었다. 언젠가 나도 누군가의 마음을 움직이는 그림책을 만들어보고 싶다는 그런 꿈을 말이다.

책도 좋았지만, 그 작은 서점 안에 머무는 시간 자체가 좋았다. 대형서점처럼 표지들이 사람들의 관심을 뺏으려 다투지 않았고, 이곳의 책들은 마치 속삭이듯 조용히 기다리고 있는 것 같았다. 복잡하고 자극적인 서울의 거리에서 잠시 벗어나, 발을 들이는 순간 마음이 평온해지는 그런 공간이었다.

이런 서점들은 특별한 에너지를 갖고 있다. 이 공간을 찾아오는 손님과 비슷한 가치를 가진 사람들이 만들고 지켜 나가는 공간 특유의 매력. 돈보다는 의미를, 대중성보다 깊이를 좇는 사람들. 수많은 인파 속에 살면서도 외로움을 느끼는 도시 속에서 이런 공간은 흔치 않기에 더욱 특별하게 느껴졌다.

독립서점에서의 출판 수업

에어비앤비로 머물던 집 바로 맞은편에는 작은 책방이 하나 있었다. 사실 인스타그램을 통해 먼저 '책방 연희'를 알게 되었고, 나중에서야 그곳이 내가 사는 곳 가까이에 있다는 걸 알게 되었다. 지하로 내려가는 입구를 알리는 작은 입간판 외에는 눈에 띄는 간판도 없었고, 내가 지나치던 날엔 늘 문이 닫혀 있었기 때문에 그간 몰라볼 수밖에 없었다.

그러던 어느 날 마침내 들어가본 그 책방에서 나는 배가 고파서 결국 나올 수밖에 없을 때까지 종일 머물렀다. 하염없이 시간을 보내고 싶을 만큼 마음에 쏙 드는 공간이었다. 책 선정 하나하나에 주인의 취향이 느껴졌고, 그 취향이 나와 너무 잘 맞아서 이 책방을 만든 사람이 누구인지 궁금해졌다.

책방 주인이 작가이기도 하다는 걸 알게 되어 그녀가 쓴 책

《때론 대충 살고, 가끔은 완벽하게 살아》를 사서 읽어보았다. 그녀는 국내 최고의 광고회사 중 하나인 제일기획에서 카피라이터로 일하다가, 책에 둘러싸여 글을 쓸 수 있는 공간을 만들고 싶어 회사를 그만두고 독립 서점을 열었다. 그녀의 글은 담백하고 솔직했다. 그리고 동시에 평범하지 않은 용기와 인내로 가득 차 있었다.

책방연희는 단순히 책만 파는 곳이 아니었다. 저자 강연이나 책을 좋아하는 사람들이 반할 만한 다양한 오프라인 클래스를 운영하고 있었다. 매달 진행되는 행사들이 책방의 인스타그램에 공지되었는데, 그중 그림책 워크숍과 셀프 퍼블리싱 수업이 눈에 들어왔다. 둘 다 부담 없는 가격이었기에 망설임 없이 신청했다.

그림책 수업은 순수하게 재미로, 그저 그림책을 처음부터 끝까지 만들어보는 전 과정을 경험해보고 싶었다. 또 셀프 퍼블리싱 수업은 당장 책을 낼 계획이 있어서라기보다, 평소 쉽게 접할 수 없는 새로운 배움의 기회라는 생각에 끌렸다. 언젠가 책을 써보고 싶다는 막연한 꿈이 있었기에 실제로 책을 출판하려면 무엇이 필요한지 궁금하기도 했다.

나는 한국에서 이미 경제경영서를 내본 적이 있는 사촌언니에게 이 수업을 함께 들어보자고 제안했다. 언니는 실용서가 익숙하고 더 잘 팔려서 썼지만, 언젠가는 소박한 그림 에세이 같은 것을 내보고 싶다는 꿈을 늘 말해왔다. 우리는 함께 셀프 퍼블리싱의 모든 것을 알려준다는 이틀짜리 수업에 등록했다.

    2021년 말, 코로나19 여파가 남아 있던 시기라 수업은 온라인으로 진행됐다. 비록 다른 수강생들과 직접 얼굴을 마주할 수는 없었지만, 모두가 새로운 도전을 앞두고 있다는 공통된 설렘이 느껴졌다. 대부분 직장을 다니는 사람들이었고, 숨겨진 열정을 끄집어내어 이 수업을 듣고 있었다. 첫 시간에는 셀프 퍼블리싱의 전체 프로세스와 시장 전반의 흐름을 배웠다.

    첫날 수업이 끝날 때쯤 과제가 주어졌다. 선생님이 제공한 표준 양식에 맞춰 출판사에 보낼 기획안을 써보는 것이었다. 비록 셀프 퍼블리싱을 할 계획이더라도, 책을 쓰려는 모든 사람에게 이 과정은 큰 도움이 될 거라고 선생님은 설명했다. 기획안 양식에 담긴 질문들은 마치 제품 기획서를 작성할 때와 비슷했다. 타깃 독자, 기획 의도, 책의 차별점, 그리고 내가 이 책을 쓸 자격이 있는지 등, 본질적인 질문들이 담겨 있었다.

나는 어떤 주제로
책을 쓸 수 있을까?

다음 날 과제를 하기 위해 책상 앞에 앉았다. 막상 빈 페이지를 마주하니 쓰고 싶은 주제가 너무 많아서 어디서부터 시작해야 할지 막막했다. 선생님도 이런 상황을 미리 경고했었다. 책을 처음 쓰는 사람들은 대개 '완벽한' 주제를 고르려다 오히려 한 걸음도 못 나가는 경우가 많다고, 그러니 가장 쉽게 쓰고 완성할 수 있는 주제를 고르라고 조언했다. 원고를 완성하는 것이 가장 어려운 만큼 '끝내는 것'에 집중하라는 의미였다.

가만히 생각해보니 나는 이미 블로그와 다이어리에 안식년 스토리를 기록하고 있었다. '이 얘기들을 책으로 엮어보면 어떨까?' 자연스럽게 떠오른 생각이었다. 블로그 제목인 'My Year Off'를 그대로 기획안의 가제목으로 삼았다.

그리고 목차 초안을 작성했다. 왜 안식년을 결심했는지, 한국에서 만난 다양한 업계 사람들의 대화, 그 과정에서 얻은 교훈과 깨달음, 그리고 메타에서 일하며 배운 점까지 다 목차에 적었다. 하지만 곧 벽에 부딪혔다. 아직 안식년의 3분의 1밖에 지나지 않은 그 시점에서 앞으로 어떤 일이 벌어질지 알 수 없었기 때문이다. 그래서 그냥 남은 챕터에는 '추후 결정TBD'이라고만 적어 두었다.

두 번째 수업이 있던 날, 오늘은 또 뭘 배울지 설렘 반 기대 반이었다. 그런데 예상치 못한 발표가 있었다. 선생님이 우리 과제를 전부 스크린에 띄운 뒤, 이름을 지우고 공개 피드백을 하겠다는 거였다. 참가자는 서른 명쯤 됐는데, 과제를 제출한 사람은 나를 포함해 다섯 명뿐이었다.

내 기획안 초안이 화면에 떴을 때 마치 속을 다 들킨 것처럼 민망했다. 나를 아는 사람이 아무도 없는데도 얼굴이 붉어졌다. 하지만 선생님의 첫 마디에 당황스러움은 금세 잊고 몰입하기 시작했다.

"이 안에는 두 가지 주제의 책이 섞여 있는 것 같아요."

선생님은 초보 작가들이 가장 흔히 하는 실수 중 하나가, 한 권의 책에 너무 많은 이야기를 담으려는 거라고 설명했다. 핵심은 '단순함'이라고 했다. UX 디자인에서도 솔루션이 단순할수록 사람들이 쉽게 이해하고 쓸 수 있기 때문에 선생님 말씀에 공감이 갔다. 선생님은 내 기획 안에 메타에서 일하며 배운 것과 안식년 동안 경험한 것 두 가지 주제가 섞여 있다고 짚어줬다.

수업이 끝날 무렵, 선생님은 수강생들에게 원할 경우 수정한 기획안도 봐주겠다고 했다. 그 제안이 내겐 큰 의미로 다가왔다. 선생님은 책방을 운영하고, 직접 책도 쓰고, 가끔 수업 중에 등장하던 아이까지 돌보는 바쁜 분이었다. 꼭 이렇게까지 할 필요는 없었을 텐데, 진심으로 우리에게 도움이 되고 싶어 하는 마음이 느껴졌다. 아마 그녀도 언젠가 누군가에게 이런 도움을 받았던 게 아닐까. 책을 쓰고 싶어 하면서도 끝까지 해내지 못하는 사람들이 얼마나 많은지, 그 마음을 누구보다 잘 알고 있는 듯했다. 그래서일까. 서른 명 중 과제를 제출한 다섯 명이 정말 진심이라는 걸 알아봐 준 것 같았다. 나는 처음보다 더 열심히 잘해보고 싶다는 생각이 들었다.

다음 날, 선생님의 조언을 따라 기획안을 두 개의 주제로 나녔다. 하나는 메타에서 일하며 배운 리더십에 대한 내용이었다. 커피챗을 통해 만났던 사람들에게 도움이 될 만한 실용적인 리더십 책이 될 수 있을 것 같았다. 다른 하나는 1년간의 Year-off 경험을 진솔하게 기록한 책이었다. 미리 계획한 바도 아니고, 지금껏 해본 적 없는 도전이긴 하지만, 내 생각과 경험을 책으로 써본다는 상상 자체가 나를 다시 흥분시켰다.

우연처럼 찾아온 기회, 편집자와의 만남

이틀간의 수업을 마친 다음날, 함께 수업을 들었던 사촌언니에게 메시지가 왔다. "어제부터 네 책 아이디어가 자꾸 생각나더라. 두 가지 주제 다 가능성이 있어 보여. 기획안을 좀 더 다듬고 나면 둘 다 보내줘. 예전에 같이 일했던 출판사들 중에 관심 있는 곳이 있는지 한번 알아볼게."

너무 놀라서 한동안 멍해졌다. 진짜? 책 출판은 늘 '언젠가' 하고 상상만 하던 일이었는데, 이렇게 갑자기 현실로 다가오다니. 하지만 이내 곧 마음을 다잡았다. 괜히 너무 기대하지 말자고, 그냥 시도해본다는 마음으로 부딪혀보자고 애써 마음을 진정시켰다. 그러면서도 하루 종일 기획안을 다듬고 또 다듬어서 언니에게 보냈다.

몇 시간 뒤, 언니에게 또 메시지가 왔다. "어느 출판사에 먼저 보내볼까?" 한꺼번에 여러 군데에 보내기보단 한 곳을 정해서 반응을 보고, 다음을 생각하자는 전략이었다.

여러 가지 옵션을 고민한 끝에, 나는 비즈니스와 커리어 분야의 베스트셀러가 많은 '길벗출판사'에 가장 먼저 연락해보기로 했다. 언니에게 결정했다고 전하자, 얼마 지나지 않아 이메일이 한 통 도착했다. 길벗의 편집자를 소개하는 메일이었다. 게다가 그 편집자가 내 기획안을 보고 미팅을 원한다는 거였다.

그런데 더 놀라운 사실이 있었다. 1년 전, 그 출판사가 줄리 주오Julie Zhuo의 《팀장의 탄생The Making of a Manager》을 번역 출간한 곳이었다. 줄리는 메타에서 내가 가장 오래 함께 일했던 첫 번째 상사였고, 실리콘밸리에서 손꼽히는 디자인 리더였다. 그녀의 책은 신입 PM과 디자이너들이 꼭 읽어야 할 필독서로 자리 잡았고, 나 역시 그녀가 실무자에서 디자인 부사장까지 성장해 가는 과정을 가까이서 지켜보며 많은 걸 배웠다.

2018년, 줄리가 책의 초고를 쓰고 있을 때 우리 팀에 원고 피드백을 요청한 적이 있다. 나는 2장의 리뷰를 맡았고, 꼼꼼하게 읽고 피드백을 전달했다. 몇 달 뒤 줄리의 사인이 담긴 책을 선물 받았고, 내 피드백 중 일부가 실제 책에 반영돼 있는 걸 보고 기뻤던 기억이 있다. 그리고 이제, 전혀 의도치 않았는데 그녀의 책 한국어 판권을 산 그 편집자와 내가 연결된 것이다. 세상 참 좁다고 생각했다.

출판사와 미팅을 앞둔 전날 밤, 설렘과 긴장이 뒤섞였다. '내 서툰 한국어 때문에 괜히 모자라보이면 어떡하지?'

면접을 준비하는 마음으로 일찍 도착해 근처 카페에 앉아 생각을 정리했다. 3월의 맑은 오후, 창밖에는 하얀 꽃이 흐드러지게 핀 나무가 바람에 흔들리고 있었다. 그해 처음 본 만개한 꽃이었다. 잔잔하게 흩날리는 꽃잎을 보며 비로소 마음이 조금씩 환해졌다.

시간이 되어 출판사로 향했다. 편집자가 따뜻한 미소로 맞아주었고, 덕분에 긴장이 조금 풀렸다. 회의실에서 내 기획안 출력본을 펼쳐놓고 편집자는 자신감 있는 말투로 말했다. "두 권 다 출간하고 싶어요." 순간 말문이 막혔다. 그녀는 메타에서의 생생한 경험과 리더십 이야기가 지금 국내에 소구할 만한 흥미로운 콘텐츠라고 했다. 실리콘밸리의 리더십을 궁금해하는 신임 관리자와 리더들이 많다는 것이다. 그리고 '1년의 쉼'을 다룬 에세이는 본인이 개인적으로도 큰 관심이 있다고 했다. 내 블로그 글도 보았고, 그중 마음에 크게 와 닿은 몇 구절을 들려주기도 했다. 그녀는 일상에서 한 걸음 물러서서 잠시 멈추고 인생의 다음 스텝을 모색해보는 아이디어에 특히 공감해주었다.

오랫동안 대형 출판사에서 다양한 논픽션을 만들어온 그녀는 베스트셀러 경험도 많았고 조직을 이끄는 리더로서도 잘 자리잡고 있는 듯했다. '남들은 특이하다고 하지만, 자신은 일이 정말 즐겁다'는 그녀는 그럼에도 요즘 왠지 일이 예전처럼 재밌지 않고, 관리자로서 성과도 연봉도 점점 쌓여 갔지만 실무자로 일할 때만큼의 보람은 느끼지 못한다고 고백했다. '지금 이 일이 정말 나에게 최선인 걸까?' '지금 나는 행복한가?' 하는 그런 생각들을 한국의 다른 삼사십 대 여성들도 공통적으로 고민한다며, 때로는 독립 출판사나 매니지먼트 회사를 차리는 꿈도 상상해본다고 했다.

그 얘기를 들으며 가슴이 벅차올랐다. 경력 많은 한국의 직장인이 나의 개인적인 글에서 무언가를 느꼈다는 것, 어쩌면 내 글이 누군가에게 영향을 줄 수도 있지 않을까 하는 생각이 처음으로 들었다. 그리고 상의 끝에 우리는 아직 현재 진행형인 안식년 스토리는 나중으로 미뤄 두고, 먼저 메타에서의 리더십 이야기를 책으로 내보자고 합의했다.

하지만 블로그 글과 달리 책을 쓰는 건 또 다른 차원의 도전이었다. 마치 운동 한 번 안 해본 사람이 올림픽에 나가겠다고 말하는 느낌이랄까. 혹시라도 편집자가 나를 믿고 선택한 걸 나중에 후회하게 될까 봐 걱정도 됐다.

그런데 막 출간 결정을 마치자마자 그녀는 더 큰 도전을 제안했다. "세 달 안에 원고를 완성해보는 건 어때요?" 이 일정에 맞춰 진행하면 내 안식년이 끝나기 전에 한국에서 책을 홍보할 수 있다는 이유였다. 하지만 현실적으로는 정말 빡빡한 일정이었다.

세 달 만에 원고를 완성하는 것도 버거웠지만, 더 큰 문제는 그간 내가 10년 넘게 영어로만 글을 써왔다는 사실이다. 이 책은 단순한 에세이가 아니라 전문성과 신뢰를 담보해야 하는 주제이고, 메시지를 명확하게 전달해야 했으며, 문장 하나하나에도 신중해야 했다. 이 일을 맡는다면 다른 프로젝트는 모두 내려놓고 남은 Year-off 기간 전부를 원고 집필에 쏟아야 했다.

생각해보니 예전에도 이런 비슷한 고민을 해본 적이 있다. 2011년 첫 번째 Year-off 때도 나는 초반에 다양한 아이디어를 시도하다가 결국 어느 시점에 하나의 프로젝트에 거의 올인했고, 결과적으로 그 선택이 그 해를 의미 있게 장식해주었다.

그리고 지금 또 한 번 같은 질문 앞에 서 있었다. '이 특별한 한 해를 마무리할 때 책 한 권을 남길 수 있다면 나는 만족할까?' 그런데 충분히 고민할 겨를도 없이 삶은 나를 밀어붙였다. 그 주, 나는 강원도 양양으로 한 달 살기를 하러 떠나기로 되어 있었다. 깊게 생각할 여유도 없이 짐을 싸고, 글쓰기를 처음 시작했던 홍대를 떠나 새로운 챕터로 들어섰다.

4. 순항 고도

Cruising Altitude

계획한 여정의 한가운데서 고도를 점검하며

"건배!"

마쿠스의 'What-If' 도전인 '한국에서 한국어를 배운다면?'의 의미 있는 성취를 축하하며 잔을 들었다. 90일 간의 집중적인 공부 끝에 마쿠스는 한국어 1급 시험에 합격했다. 우리는 뉴욕을 떠나온 이래 처음으로 저렴하지 않은 이탈리안 레스토랑에서 근사한 저녁 식사를 하며 자축했다. 이제 하나의 이정표를 지나고 우리 앞에 새로운 장이 기다리고 있었다.

서울을 떠나기 전 며칠은 카페꼼마, 모리츠플라츠, 목수의 딸 같은 단골 카페들을 번갈아 다니며 아쉬움을 달랬다. 나처럼 마쿠스도 카페를 옮겨 다니며 때로는 혼자, 때로는 나와 함께 한국어 공부와 서울 탐험을 병행하며 하루를 보내곤 했다. 나는 마쿠스가 한국어로 쓴 글씨를 보는 게 참 좋았다. 마치 내가 왼손으로 쓴 것처럼 삐뚤빼뚤했지만 정겨웠다. 발음이나 철자가 완벽하진 않아도 언어를 배우는 그의 진심이 고스란히 느껴졌달까. 반 친구들 앞에서 한국어로 말하다 실수할까 봐 너무 긴장된다고 걱정하면서도 그는 한 번도 수업을 빠지지 않았다.

마쿠스가 시험에 합격한 후 우리는 짐을 싸서 서울을 떠났다. 원래는 인근 국가들을 여행할 생각이었지만, 여전히 기승을 부리던 코로나 변이와 국경 폐쇄로 그 계획은 접어야 했다. 그래서 정한 다음 목적지는 강원도 양양. 차로 두 시간 거리의 작은 해안 도시에서 앞으로 45일을 지낼 계획이었다. 우리는 이곳저곳 옮겨 다니는 대신 이번엔 마치 주민처럼 한 곳에 머무는 느린 여행을 즐겨보기로 했다.

서울의 빽빽한 스카이라인을 벗어나자 끝없이 이어진 산맥이 펼쳐졌고, 우리는 마침내 동해안에 도착했다. 하지만 안타깝게도 양양의 하늘은 잿빛이었고, 간간이 내리던 비가 눈으로 바뀌기도 했다. 강원도 지역은 서울보다 더 춥다는 사실을 깨닫고 잠시 마음이 가라앉았다. 서울에서 막 봄을 맞이했는데, 다시 겨울로 돌아온 느낌이었다. 하지만 곧 기분을 추스르며 생각을 바꿨다. 덕분에 이른 봄을 두 번 경험하는 셈 아닌가.

우리가 새롭게 머물게 된 집은 탁 트인 바다 전망을 자랑했다. 흐린 날씨 탓에 풍경은 다소 무채색이었지만, 이곳을 선택한 사람이 바로 나였기에 일단 마쿠스를 안심시켜야겠다는 생각이 들었다. 그에게 첫인상은 다소 우울할지 몰라도 양양에는 묘한 끌림이 있다고 말해줬다. 창의적인 에너지, 활기찬 창업자 커뮤니티, 그리고 자연과의 깊은 유대감 같은 것들이 느껴지는 곳이라고 말이다.

처음 양양이란 곳을 알게 된 건 친구 수호를 통해서였다. 그는 종종 양양에서 서핑을 하며 삶의 시선이 달라졌다고 이야기했다. 당시 그는 건강한 습관을 들이고 자연 속에서 더 많은 시간을 보내려 노력하는 등 라이프스타일의 변화를 시도하고 있었다. 그 전까진 양양에 대해 깊이 생각해본 적이 없었는데 그의 이야기들이 묘하게 기억에 남아 있었다.

양양 해안선을 따라 우뚝 솟은 설악산은 어릴 적부터 익숙한 풍경이었다. 우리 가족은 거의 매년 설악산을 찾았고, 나도 재충전이 필요할 때면 종종 홀로 그곳을 찾았다. 하지만 바로 근처의 해변 마을들은 한 번도 제대로 둘러본 적이 없었는데, 이상하게도 미국에 살던 시절부터 한국의 친구들이 양양 이야기를 들려주곤 했던 게 떠올랐다. 그렇게 언젠가 한번 가봐야겠다고 상상만 하던 그곳에 지금 도착한 것이다.

중요한 결정을 할 때
나의 노하우

그해 겨울의 양양은 말 그대로 유령 도시 같았다. 계절 탓인지, 코로나 때문인지 — 아마 둘 다겠지 — 거리는 텅 비어 있었다. 이 지역이 한국에서도 손꼽히게 추운 곳이라는 사실은 도착하고 나서야 알았다. 해변가엔 문을 닫은 가게와 호텔들이 줄지어 있었고, 사람은 좀처럼 눈에 띄지 않았다. 친구들이 들려준 활기찬 양양을 상상해보려 애썼지만, 아무래도 3월에 이 곳을 찾은 건 실수인 것 같았다.

하지만 며칠 시간이 지나자 이 도시의 고요함 속에서 왠지 모를 편안함이 느껴졌다. 을씨년스럽게 비어 있는 바닷가 풍경도 묘하게 아름다웠다. 이토록 오랜 시간 동안 조용한 곳에 머문 건 태어나 처음이었다. 소음이 사라진 자리에서 파도 소리는 더욱 크게 다가왔고, 소나무 향은 훨씬 더 짙게 퍼졌다.

겨울의 양양은 무엇보다도 중요한 프로젝트에 깊이 몰두하기에 최적의 환경이었다. 그리고 나에게는 첫 책을 출간하기로 한 결정을 명확히 하고 마음을 다잡을 수 있는 장소이기도 했다.

양양에 도착한 지 일주일쯤 지났을 무렵, 출판사로부터 정식 조건과 집필 데드라인이 적힌 계약서 파일이 도착했다. 설레는 한편으로 조심스러운 마음이 앞섰다.

나는 인생의 중요한 결정을 내릴 때마다 '직감 — 정보 — 직감'이라는 3단계 과정을 거친다. 가장 먼저 내 마음의 소리에 가만히 귀 기울여본다. '지금 이 선택을 떠올릴 때, 마음은 뭐라고 말하는가?'

그다음엔 다음과 같은 질문을 던지면서 필요한 정보들을 최대한 많이 수집한다.

+ 비슷한 경험이 있는 사람들은 뭐라고 조언하는가?
+ 현실적인 리스크는 무엇이며, 그것은 피할 수 있는 것인가?
+ 최악의 경우 어떤 일이 발생하는가?
+ 일반적으로 합리적이고 공정한 계약 조건은 무엇이며, 나에게 유리한 조건은 무엇인가?

이런 식으로 정보 수집과 현실 검토를 충분히 한 뒤, 마지막 결정은 다시 내 마음에게 묻는다. '정말 어떻게 하고 싶은가?'

솔직히 내 마음은 처음부터 수천 번 "예스"라고 외치고 있었다. 하지만 이 결정이 미칠 파장을 충분히 고민해야 했다. 내가 정말 책을 완성할 수 있을지에 대한 걱정, 혹시 부정적인 평가를 받게 되진 않을까 하는 두려움 등이 있었다. 무엇보다 이 출판 프로젝트를 진행한다는 건, 남은 Year-off 시간 전체를 여기에 쏟겠다는 걸 의미했다. 따라서 이 경험이 올해 나의 목표를 방해할지, 아니면 오히려 강력한 레버리지가 되어줄지 생각해봤다.

이런 고민들을 하고 있자니 새삼 뉴욕을 떠나온 지 벌써 반년이 지났다는 사실이 떠올랐다. Year-off의 딱 한가운데서 나는 지금의 내 마음을 들여다보고, 처음의 의도를 다시 돌아보기로 했다.

중간 점검!

첫 번째 Year-off는 어떤 면에선 좀 더 쉬웠다. 뚜렷한 목표나 기한 없이 자유롭게 탐험할 수 있었기 때문이다. 하지만 이번엔 여러 모로 달랐다. 계획했던 1년의 절반이 지난 시점에서 그동안 얼마나 많은 것을 보고 배우고 경험했는지, 그리고 동시에 생각보다 스트레스를 받았던 순간은 언제였는지 떠올려봤다. 그러자 다음과 같은 몇 가지 도전 과제들이 드러났다.

+ 불확실한 상황이 오래 지속될수록 마치 내 계획이 실패한 것 같은 생각이 들었다.
+ 나의 여정을 공개적으로 공유하다 보니, 선명한 서사를 만들어야 한다는 부담이 생겼다.
+ 매 순간 스스로 결정해야 하는 일들이 많다 보니 다소 지쳤다.

첫 번째 Year-off와 달리, 이번에는 뭔가 더 '눈에 보이는 성과'를 남겨야 한다는 압박감이 있었다. 반년이 지났는데도 여전히 다음 커리어가 명확하게 정해지지 않았고, 이 불확실성이 점점 무겁게 다가왔다.

직장 생활에서 우리는 연간 목표를 설정하고 그에 따른 성과로 평가받는 데 익숙해져 왔다. 그래선지 1년이라는 시간은 뭔가 어떤 결론을 내야만 하는 시간처럼 느껴졌다.

Year-off의 첫날은 설렘과 무한한 가능성으로 가득 차 있었지만, 시간이 흐를수록 이 모든 여정이 결국 어디를 향하고 있는지를 정의해야 한다는 부담에 사로잡혔다. 새로운 경험을 즐기고 있는 와중에도 아직 정답을 찾지 못했다는 죄책감이 자꾸 따라붙어 온전히 이 시간을 만끽하지 못하는 나를 발견했다.

1. 내 여정을 공개하는 것의 단점

블로그를 통해 내 여정을 공개하고 있었기 때문에 개인적인 부담뿐만 아니라 공적인 부담도 함께 느끼고 있었다. 평소 일상에서는 나의 선택에 대해 일일이 설명할 필요가 없다. 하지만 온라인에서 내 경험을 공유하고 보니, 마치 누군가에게 이 모든 선택의 이유를 설명해야 할 것 같은 책임감이 따라붙었다. 지금 이 여정이 어디로 향하고 있는지 친구나 가족, 독자들에게 답을 줘야 할 것만 같았다.

또, 인생에서 비슷한 결정을 고민하고 있는 다른 사람들이 나의 이야기를 통해 용기를 얻고 있다는 걸 알고 있었다. 그래서 더더욱 안식년이라는 시간이 얼마나 가치 있는 선택인지를 보여주고 싶었다. 하지만 몇 달이 지나도 여전히 명확한 답을 찾지 못하자 "그래서 다음엔 뭘 할 건가요?"라는 질문이 점점 두려워졌다. 한국에서 새롭게 만나는 사람들과의 대화조차 부담스러워질 정도였다. 그런 점에서 아무도 나를 모르는 양양이라는 조용한 동네로 이사한 건 오히려 숨통이 트이는 일이었다. 여기서는 누구도 나의 소식을 궁금해하지 않았다.

2. 결정 피로

안식년에 끌렸던 가장 큰 이유는 '자유'였다. 하지만 완전한 자유는 너무 많은 선택지를 동반했다. 직장의 틀이 사라지자 매일이 백지처럼 느껴졌다. 오늘 뭘 할지, 어디로 갈지, 뭘 먹을지조차 날마다 고민해야 했다. 거기에 이 모든 선택이 나 혼자만의 것이 아니라 마쿠스와 함께하는 삶의 일부이기도 했기에, 함께 결정해야 할 일이 훨씬 더 많아졌다. Year-off를 마치고 나면 우리는 어디에서 살 건지, 각자 어떤 일을 다시 시작할지, 이런 커다란 질문들이 늘 머릿속에 떠다녔고, 그 외에도 하루하루의 사소한 결정들이 줄줄이 이어졌다. 이런 문제를 해소할 어떤 시스템이 필요했다.

그래서 나는 매일, 매달 작은 목표를 정했고, 루틴을 만들고, 또 짧은 체류보다는 한 곳에 45~60일 정도 길게 머무는 방식을 택했다. 계획에 쫓기기보다 지금 이 순간에 집중하고 싶었기 때문이다. 이런 식으로 남은 시간 동안 어떻게 하면 결정 피로를 덜 수 있을지에 대한 노하우가 조금씩 생겨났다. 이런 작은 변화들은 내 정신 건강에도 무척 이로웠다.

3. 배운 점과 느낀 점

6개월쯤 지나고 보니 처음의 강렬한 호기심은 서서히 잦아들었다. 전반부가 완전히 새로운 길을 탐색하는 시간이었다면, 이제는 방향을 좁히고 하나씩 정리할 때가 된 것 같았다. 몇 달 동안 다양한 분야의 사람들과 만나며 모든 가능성을 열어 두고 다양한 커리어를 살펴봤는데, 오히려 그 과정에서 '큰 변화'에 더는 마음이 끌리지 않다는 걸 알게 됐다.

기존의 내 커리어와 역량은 살리면서도 과거 나를 소진시켰던 마이너스 요소들은 덜어내는 방향으로 새로운 일을 알아보고 싶었다. IT와 디자인의 세계는 그 자체로도 무수한 변주가 가능한 분야였다. 똑같은 업이라도 회사 안에서 하느냐 밖에서 하느냐의 환경 차이만으로도 일의 결이 완전히 달라진다는 걸 이미 경험했기에, 나에게 맞는 조합이 어딘가엔 존재할 거라는 확신이 들었다.

또 하나의 중요한 깨달음은 '거리감' 덕분에 얻을 수 있었다. 6개월간 회사 일에서 떨어져 지내다 보니 오랫동안 잊고 있던 내 일의 장점이 오히려 선명하게 보였다. 내가 지쳤던 건 일 자체 때문이 아니라, 그 일을 둘러싼 환경과 맥락 때문이었다. 가까운 관계에도 가끔은 거리가 필요하듯, 나와 일 사이에도 어떤 선이 필요했던 건지도 모른다.

　이런 마음의 변화 속에서 나는 '새로운 것을 찾아야 한다'는 강박을 내려놓기로 했다. 남은 시간 동안은 무엇이 자연스럽게 흘러오는지 지켜보기로 했다. 돌이켜보면 지금까지 가장 인상 깊었던 순간들은 대부분 계획하지 않았던 것들이다. 게다가 이 1년을 비우기로 한 결정만으로도 나는 이미 큰 결심을 한 셈이니 나머지는 꼭 내가 주도하거나 결정하지 않아도 괜찮겠다는 생각이 들었다. 나는 그저 내게 맞는 기회가 적절한 때에 찾아올 거라고 믿어보기로 했다.

Questions & Tips

'아직은 알 수 없다'는
그 희망에 대하여

록히드 마틴Lockheed Martin에서 첨단 항공기와 우주선을 설계한 한 과학자가 남긴 명언이 있다.

"연구의 진정한 가치는 찾고 있던 답을 얻는 것이 아니라, 찾는 줄도 몰랐던 뜻밖의 답을 발견하는 데 있다."

혹시 자기 자신을 탐색하는 여정이 두려운가? 온통 불확실한 것들투성이어서 그런 걸지도 모른다. 하지만 그건 너무 당연하다. 아직 여정을 시작하지도 않았는데 뭘 알 수 있단 말인가. '알 수 없다'는 것을 단점이 아니라 일종의 초대장처럼 받아들이면 어떨까? 인생의 아름다움은 불확실성을 받아들이고, 그럼에도 불구하고 한 걸음씩 나아갈 수 있는 자유를 누리는 데 있다.

책 출간 프로젝트에 베팅하기

책을 내는 게 처음이라 두려웠지만, 마음 깊은 곳에서는 '그래도 해보자'는 소리가 들렸다. 메타에서 리더로 일하면서 배운 것들이 누군가에게 도움이 되길 바랐고, 그리고 인생의 다음 챕터로 넘어가기 전에 그 시간들의 의미를 제대로 정리해보고 싶은 마음도 있었다. 그래서 다른 모든 가능성을 내려두고 글쓰기에만 집중해보기로 했다. 그러다 보면 새로운 기회나 성장, 나 자신에 대한 통찰 같은 것들이 자연스럽게 따라올 거라고 믿었다. 출판사의 편집자가 했던 말이 떠올랐다. "많은 작가 분들이 입을 모아 하시는 말씀이 있어요. 책을 내고 나서 제일 좋은 건 책 그 자체라기보다 그걸 통해 연결된 새로운 인연과 기회들이라고요."

한국에서 책을 낸다는 게 나에게 어떤 새로운 문을 열어줄지 궁금했다. 물론 아무 일도 일어나지 않을 수도 있지만, 이왕이면 가능성을 믿어보기로 했다. 설령 눈에 보이는 성과가 없다 하더라도, 집필과 편집, 출간과 홍보에 이르는 모든 과정이 나를 성장시킬 거라는 확신이 있었다. 무엇보다 한국어로 글을 쓰는 일은 나에게 아주 특별한 도전이었다. 언어는 물론 정체성까지 다시 세우는 일이었기 때문이다.

이 프로젝트를 진행하기로 결정하면서 유일하게 마음에 걸렸던 건, 한국에 머물고 있음에도 부모님과 보내는 시간이 줄어들 거라는 점이었다. 하지만 이 책이 나를 다시 한국으로 더 자주 오게 만들어준다면, 결국엔 부모님과 보내는 시간이 더 많아질 거라 생각했다. 다른 경험들을 포기해야 한다는 아쉬움 앞에서는 이렇게 되뇌었다. "적어도 지금 당장은 내 것이 아니었던 거야."

이렇게 Year-off의 남은 시간을 온전히 출판에 전념하기로 마음먹고 나니 마음이 한결 가벼워졌다. 상반기 내내 나를 짓누르던 막연한 불확실성이 줄어들고 한결 컨트롤하기가 쉬워진 느낌이었다.

2022년 3월 31일, 드디어 계약서에 사인했다. 그 순간부터 '이게 맞는 선택일까'라는 의문을 멈추고, 그것을 '맞는 선택'으로 만들기 위한 과정에 집중했다.

세 달 안에 원고를 완성하려면 매일 절제된 루틴으로 살아야 했다. 그래서 하루의 80%는 글쓰기에, 나머지 20%는 양양을 즐기는 데 쓰겠다고 마음먹었다. 방 하나를 작업실로 바꾸고, 긴 책상 양끝에 마쿠스와 서로 마주 보며 노트북을 놓았다. 공간은 비좁고 엉덩이는 좀 아팠지만, 둘이 각자의 프로젝트에 집중하기엔 딱 좋은 구조였다.

마쿠스는 오래 미뤄 둔 영상 편집 작업에 착수했다. 수백 시간 분량의 스노보딩 영상을 정리한 뒤, 메타에서 배울 기회가 없었던 코딩 언어 스위프트swift 공부에 들어갔다. 또, 연습 삼아 미국에서 사람들이 주state를 이동할 때 바뀌는 세금 계산을 도와주는 iOS 앱을 만들기도 했다. 우리가 샌프란시스코에서 뉴욕으로 이사할 때 겪었던 까다로운 세금 상황에서 아이디어를 얻은 것이었다.

마쿠스는 헤드폰을 낀 채 화면 속 코드에 몰두했고, 마찬가지로 헤드폰을 낀 나는 단어들과 씨름했다.

80%의 시간을
핵심 프로젝트에

하루의 시작과 끝은 여전히 보라색 만두카Manduka 요가 매트 위에서였다. 샌프란시스코부터 지금까지 새로운 곳으로 이사할 때마다 늘 함께하는 고마운 매트다.

요가는 원래도 내게 중요한 루틴이었지만, 한국에 와서는 더더욱 중요해졌다. 어디에 있든 이 매트만 있으면 내 몸이 집처럼 느껴졌다. 요가를 쉬는 날엔 조깅을 했다. 여행 중에도, 새로운 도시에서 적응할 때도 늘 내 삶을 지탱해주는 루틴이었다. 덕분에 홍대 경의선 숲길이든 양양의 조용한 바닷가든, 어디든 그 길 위에서 나는 평상심을 찾을 수 있었다. 전문적인 주제를 한국어로 써내려 간다는 건 마치 에베레스트를 오르는 기분이었기에, 내 정신과 체력을 버텨주는 이런 루틴들이 정말 중요했다.

며칠 동안 책의 틀을 잡고 목차를 구성한 뒤 본격적인 집필에 들어갔다. 단어 하나하나를 붙잡고 몇 시간이고 고민했다. 첫 번째 챕터는 쓰고 또 고쳐도 만족스럽지 않아 통째로 지우기도 했다. 열일곱 살에 한국을 떠난 시점에서 나의 한국어 실력이 멈춰 있었기에 번역기에 의지해 가며 영어와 한국어를 오가며 내 생각을 담으려 노력했다.

기한도, 평가도, 보너스도 없는 시간. 대신 내 목표는 내가 정했고, 나만의 방식으로 작게나마 성취를 쌓아 갔다. 문장 하나, 단락 하나, 챕터 하나가 그렇게 조금씩 쌓여 가는 걸 보며 힘은 들었지만 이상하게도 즐거웠다.

오후에는 마쿠스와 함께 집 근처 숲이나 작은 마을로 산책을 나갔다. 집에서 조금만 나서면 산이 겹겹이 내려다보이는 짧은 오솔길이 있었다. 우리는 그곳의 벤치에 앉아 직접 우린 차를 마시며 아무 말 없이 풍경을 바라보곤 했다. 고요한 산속에서 나는 점차 욕심이 줄어들고 마음이 넓어지는 느낌을 받았다.

3월을 지나며 풍경은 겨울의 갈색에서 부드러운 연둣빛으로 바뀌었고, 철쭉과 개나리가 봄의 시작을 알리듯 분홍색과 노란색의 꽃을 피웠다. 우리가 가장 좋아하던 그 벤치엔 나와 마쿠스, 그리고 감사한 마음만이 조용히 나란하게 앉아 있었다. 그 해의 초봄은 내 가슴에 보드라우면서도 묵직한 담요를 덮어주는 것 같았다.

그때의 산책은 단순히 눈의 피로를 풀어주는 시간을 넘어 내 마음속 불안을 쉬게 해주었다. "너는 셰릴 샌드버그 같은 유명 COO가 아니라 일개 매니저였을 뿐이잖아. 사람들이 네 말에 귀를 기울일까? 네가 무슨 자격으로 책을 써? 혹시 원고를 다 쓰지 못하게 되면 다시는 출판 기회를 얻지 못할지도 몰라." 이런 목소리들이 하루에도 몇 번씩 머릿속을 맴돌았다.

하지만 바닷가나 숲길을 걷는 동안엔 이상하게도 그 소리들이 모두 사라졌다. 그러면 나는 다시 책상 앞에 앉아 해가 질 때까지 글을 썼다. 어떤 날은 잘 시간이 넘도록 자리를 지켰고, 어떤 날은 저녁식사 후 잠시 해변을 걷기도 했다. 파도 앞에 서면 오늘 하루의 잔재들이 조금씩 씻겨 나갔다. "오늘은 이만하면 충분해"라고 말해주는 듯했다.

하조대는 당시 집에서 가장 가까운 해변이었다. 주말엔 사람들로 북적였지만, 평일 아침엔 신성함이 느껴질 정도로 고요했다. 아무런 방해 없이 끝없이 펼쳐진 수평선을 바라보며 스스로에게 물었다. '나는 지금 제대로 가고 있는 걸까?' 그러면 바다는 대답 대신 계속해서 파도를 보내왔다. 마치 계속 걸으라는 듯이. 그래서 나는 다시 책상으로 돌아가 글을 썼다. 그렇게 쌓인 단어들만큼 나의 불안도 조금씩 옅어졌다.

Questions & Tips

몰입을 도와주는 나만의 루틴

내가 왜 요가 매트를 꼭 챙겨 다니는지, 왜 아침과 저녁에 바닥에 엎드려 하루를 시작하고 끝내는지를 설명하고 싶었다. 아이 자세인 '바라사나*balasana*'처럼 몸을 낮추는 포즈는 신체적 정신적으로 안정감을 느끼게 해준다.

+ **몸이 땅에 닿는 감각:** 땅과 물리적으로 가까워지면 뿌리를 내리는 듯한 느낌과 함께 안정감이 찾아온다.
+ **고개를 숙이고 엎드리는 자세:** 자연스럽게 힘을 내려놓는 상징적인 자세로, 정서적 긴장을 완화하는 데 도움이 된다.
+ **긴장과 호흡 이완시키기:** 몸을 천천히 늘리면서 이마가 매트에 닿게 하면 척추와 엉덩이가 스트레칭되고 자연스러운 심호흡을 통해 신경계를 진정시킬 수 있다.

흔히 송장 자세로 통하는 '사바사나savasana', 몸을 앞으로 길게 접는 자세, 반듯이 누워 트위스트 동작하기 등도 마찬가지로 몸의 긴장을 풀고 깊은 호흡을 유도하며 내려놓음을 연습하게 도와준다.

요가 선생님이 자주 하던 말씀이 있다. "우리가 바닥에 누워 있는 것이 안전하다고 느끼는 것은, 대지가 우리를 받쳐주고 있기 때문입니다."

마음이 무거울 땐 앞에서 말한 자세들을 시도하거나 침대 대신 바닥에 누워 숨을 쉬어보자. 몸의 긴장을 푸는 법을 배우는 건, 앞으로 더 큰 도전을 향해 나아갈 때 반드시 필요한 기술이다.

20%의 시간을
소중한 즐거움에

글을 쓰지 않는 시간엔 한국에 있을 때만 누릴 수 있는 즐거움에 집중했다. 한국의 전통적인 음식과 차를 탐험하고, 가족과 소중한 시간을 보냈다.

연초에 잠깐 '웰빙'을 테마로 한 카페를 열거나 한국 전통차를 글로벌 시장에 소개하는 콘텐츠를 만들어보고 싶다는 생각을 한 적이 있다. 한국에 도착하자마자 본격적으로 차에 대해 조사하기 시작했고, 해외에 아직 알려지지 않은 한국의 전통차에 완전히 매료되었다. 보이차, 우롱차, 자스민차, 말차처럼 중국과 일본, 대만의 찻잎은 전 세계적으로 익숙한 반면, 한국의 차는 마치 숨겨진 보석처럼 아직 발견되지 않은 상태였다.

미국에 돌아갈 때마다 나는 늘 옥수수차, 쑥차, 우엉차, 쌍화차, 홍삼차 같은 한국의 전통 차를 가져갔다. 한국에서는 차 마시는 문화가 주로 중장년층에게만 익숙한 서브컬처로 보였지만, 조만간 그 흐름이 바뀔 거라는 예감이 들었다. 한국 문화에 대한 세계적인 관심, 웰빙과 슬로 라이프에 대한 가치가 퍼지면서 전통차 역시 자연스럽게 새로운 대중을 만날 거라고 믿었다.

올해 처음 알게 된 차들도 많았다. 헛개나무차, 작두콩차, 가지차(초리차), 감잎차, 말린 호박과 팥차, 도라지꽃차까지 다양한 전통차를 젊은 감각으로 소개하는 인디 브랜드들을 찾게 되었고, 그곳의 종사자들과도 연결되었다. 앞서 언급했던 맥파이 앤타이거의 대표도 그중 한 명이었다.

또한 델픽, 쟈스리, 일리에 같은 작은 브랜드들도 발견했다. 어떤 곳은 오프라인 매장에서 차를 마시는 경험 자체를 고급스럽게 끌어올렸고, 어떤 브랜드는 전통차를 새롭게 해석하는 스토리텔링과 세련된 패키지로 글로벌 감성에 맞췄다. 또 어떤 곳은 오직 품질에만 집중하며 소규모로 운영되고 있었다.

나만의 탐구의 일환으로 집에서 맛보고 즐길 수 있는 다양한 차를 구입했고, 그런 티타임은 자연스럽게 하루하루 긴 집필 시간을 함께해주는 고마운 일상이 되었다.

내가 푹 빠진 또 다른 한국의 식문화는 바로 '나물'이다. 한국은 국토의 70%가 산이다 보니 산에서 자라는 풀로 만든 채식 요리가 발달했다. 일 년 내내 다양한 나물이 자라지만, 대부분은 봄에 가장 풍성하다. 두릅, 쑥, 달래 같은 이른 봄나물은 겨울 땅을 뚫고 올라올 만큼 강한 생명력을 가지고 있어 몸에도 좋다고 알려져 있다. 물론 맛있기까지 하다.

나물로 만들 수 있는 음식도 밑반찬부터 국, 부침개, 나물밥까지 무궁무진하다. 비빔밥은 세계적으로 잘 알려져 있지만, 나물밥은 고기 없이 산나물로만 구성된, 훨씬 더 단순하고 깊은 맛의 요리다.

우리 가족은 18년 넘게 서울 외곽에 있는 한 나물밥 식당을 꾸준히 찾아갔다. 내가 한국에 오면 반드시 들르는 곳이다. 나물밥과 도토리묵이 함께 나오는 그 식사는, 지금껏 전 세계 미슐랭 레스토랑에서 먹은 그 어떤 요리보다도 맛있다. 담백하면서도 풍미가 풍부한데다 전부 식물성 재료만으로 만들어졌다는 점에서 한식의 정수를 보여준다.

차와 마찬가지로 나물도 종류가 어마어마하게 많다. 문화재청에 따르면 한국에 존재하는 나물 종류는 450가지가 넘는다고 하며, 내가 산 요리책에도 빠르게 만들 수 있는 나물 요리 100가지가 소개돼 있다. 나는 나물의 이름과 제철, 그리고 조리법을 배우기 위해 여러 책들을 샀고, 전문 식당을 찾아다니기도 했다. 그중엔 넷플릭스 '셰프의 테이블Chef's Table' 시즌 3에 소개된 정관 스님의 식당도 있었다.

양양은 산나물이 자연스럽게 자라는 지역이라, 오일장이 열릴 때마다 찾아가 봤다. 할머니들이 돗자리를 펴고 직접 캔 나물을 팔고 있었고, 농사 짓는 분들은 트럭에 실린 채소를 부지런히 내리고 있었다. 이름이나 가격이 적힌 간판도 하나 없이, 직접 물어보지 않으면 뭘 파는지 알 수 없는 재밌는 풍경이었다.

처음 갔을 땐 낯설고 어색해서 쉽게 말도 못 걸었다. 시간이 지나면서 조금씩 잎의 모양으로 몇 가지를 구분할 수 있게 되었지만, 여전히 모르는 것투성이었다. 어느 날 엄마가 양양에 오셨을 때서야 나는 엄마를 앞장서게 해서 그간 구경만 하던 다양한 나물들을 실컷 사 왔다. 상인들은 한국식 정情의 표시로 크게 한 줌은 더 담아주었다. 그날 저녁 엄마와 나는 시장에서 사 온 나물로만 한 상 푸짐하게 차려냈다. 부침개, 국, 쌈용 나물들까지, 지금 이 글을 쓰고 있는 순간에도 그 맛이 떠올라 침이 고이고 그날의 따뜻했던 마음이 고스란히 되살아나는 듯하다.

단순하게 살며
'딱 맞는' 느낌 찾기

나물 말고도, 손두부나 메밀처럼 지역의 특산물로 만든 다양한 요리들을 하나씩 알아가는 재미가 쏠쏠했다. 매일 한 가지 일에 에너지를 쏟고, 그 일이 점점 완성돼 가는 걸 지켜보는 사이사이, 전통 문화와 음식, 그리고 자연이 함께하는 삶이 새삼 참 근사하게 느껴졌다. 체계적인 삶이었지만 조급하지 않았고, 몰입하되 자유로웠다.

    10대, 20대 시절엔 가슴 뛰는 모험이 없는 삶은 상상하기 어려웠다. 하지만 이제 나는 깨달았다. 그렇게 치열하게 쫓았기 때문에 이제는 더 이상 그러지 않아도 된다는 것을. 충동과 욕구는 조금씩 가라앉았고, 이제 내 삶은 더 작고 더 조용한 것들로 채워지고 있었다. 그리고 그것들은 더 오래 지속되는 기쁨을 안겨주었다.

문득 10여 년 전의 나에게 고마운 마음이 들었다. 그 짜릿한 욕망들을 다 쫓아봤기에, 지금 이 잔잔한 순간을 온전히 받아들일 수 있게 된 것 아닐까. 그렇다면 10년 후의 나도 지금의 이 선택을 떠올리며 나에게 고마워하게 될까?

그 무렵 이효리의 '서울 체크인'이라는 TV 프로그램을 보게 되었다. 나의 학창 시절 "한국의 비욘세"라 불렸던 이효리는, 화려한 서울의 삶을 내려놓고 제주도로 내려가 조용한 삶을 살고 있었다. 비건 위주의 식단을 하고 유기견을 돌보며 지내길 10년, 이후 그녀는 엄격한 채식주의에서 좀 더 유연한 식단으로 바꾸고, 다시 상업 광고를 찍기 시작했으며, 최근에는 서울에 집을 사서 화제가 되기도 했다. 사람들은 그녀가 다시 TV에 나오는 걸 반가워했지만, 어느 날 그녀는 이렇게 말했다. "화려한 주류 팝스타로 10년을 살았더니 조용하고 단순한 삶이 필요했어요. 그런데 또 그렇게 10년을 살다 보니 다시 뭔가 생기 넘치는 삶이 그리워졌죠. 요즘은 어떤 모습이 진짜 나인지 혼란스러워요."

그러자 그녀의 오랜 친구가 이렇게 말했다. "둘 다 너야. 그런 시기도 있고, 이런 시기도 있는 거지."

호기심과 열린 마음을 소중히 여기는 삶의 태도 면에서 나는 이효리와 내가 닮은 구석이 있다고 느꼈다. 그녀는 자신의 이중성(?)에 대해 불안함을 느꼈을지 모르지만, 나는 절대 그렇게 생각하지 않았다. 그녀의 친구도 마찬가지였을 것이다. 타고난 호기심을 가진 사람이라면, 인생도 마치 책의 챕터처럼 어느 시점마다 장면 전환을 보이며 흘러갈 것이다. 항상 새로운 것을 배우며 성장하고 있으니까 말이다.

메타에서 함께 일했던 친구 자라와 통화하던 어느 날, 그녀가 물었다. "그래서 요즘은 어때?"

그때 내 머릿속에 떠오른 단어는 "딱 맞는 느낌 feeling right"이었다. 내 대답에 그녀는 잠시 멈칫하곤 다시 물었다. "그게 행복한 거랑 같은 거야?"

나는 설명했다. "행복은 기쁨이나 고통처럼 지나가는 감정이잖아. 순간적으로 강렬하긴 해도, 금방 사라지는 것…. 그런데 '딱 맞는 느낌'은 그보다 더 깊은 감각이야. 마치 모든 게 나와 잘 맞물려 있다는 느낌? 내가 있어야 할 자리에 정확히 있다는 느낌이랄까."

Year-off의 후반부로 접어들면서 내 하루는 거의 글쓰기로만 채워졌기에 다른 일을 할 여유가 거의 없었다. 그런데 이상하게도 갑갑한 마음이 들지 않았다. 오히려 더 자유로웠다. 여가 시간이 부족하다 보니 오히려 내가 진짜로 중요하게 여기는 것에만 시간을 쓰게 되었다. 그리고 아주 작은 변화가 생겼다. 예전에는 내면의 목소리를 '듣기만' 했다면, 이제는 그걸 전적으로 믿고, 하루하루를 그 감각에 따라 살아가게 되었다.

Questions & Tips

'딱 맞는 느낌'을
알아차리는 연습

앞에서 고통은 몸이 우리에게 보내는 신호라고 말한 적 있다. Year-off 동안 내가 배운 또 하나의 중요한 신호는, 몸이 '딱 맞는다'고 말해줄 때의 감각이다. 나는 그 순간들을 이렇게 정의해본다.

+ 외부의 인정 없이도 충분히 느껴지는 내면의 충만함
+ 지금 내가 걷고 있는 길에 대한 스스로의 신뢰와 평온한 마음
+ 나의 선택이 나의 핵심 가치와 일치한다는 믿음

하루하루를 살아가며 이런 느낌이 찾아오는 순간을 캐치해보자. 해석하지 않아도 된다. 평가하지 않아도 되고, 반드시 행동으로 옮기지 않아도 된다. 단지 알아차리는 것, 그것만으로도 충분하다.

모두에게
이해 받을 필요는 없다

완연한 봄이 되자 원고 작업은 절반쯤 진행되었고, 루틴이 있는 나의 일상도 나름 자리를 잡았다. 그러던 어느 날, 내게는 부모나 다름없는 이모부가 한국에 오셨고, 덕분에 온 가족이 오랜만에 모이게 되었다. 반가운 재회의 감격도 잠시, 이모부는 몇 달째 한국에 머물고 있다는 나의 소식에 눈에 띄게 당황하시며 물었다. "그럼 일은 언제까지 쉴 거니?"

    이모부의 말투에는 비난보다는 순수한 궁금증 혹은 걱정 같은 것이 묻어 있었다. 고등학교 때 내가 미국으로 유학을 떠났을 때, 이모와 이모부는 내 법적인 보호자 역할을 맡아주셨다. 부모님과 떨어져 새로운 문화와 언어 속에서 대학 입시를 준비하던 시절, 내가 얼마나 힘들었는지를 누구보다 가까이에서 지켜본 분이었다. 그 성장기에 나를 키워주신 분으로서 내 인생의 성공과 실패에 대해 일종의 책임감을 느끼셨을 수도 있다.

이모부의 혼란스러움이 어디서 기인한 건지 나도 이해했다. 이모부는 일하거나 실직 상태거나, 둘 중 하나만 존재하는 세상에서 살아오신 분이었다. 특히 이민자로서 평생을 '직업'이라는 안전장치를 붙들고 자식과 가족을 위해 헌신하는 게 당연한 세대셨다. 그러니 회사를 그만둔다는 것은 고사하고 일을 의도적으로 잠시 쉰다는 개념 자체가 낯설 수밖에 없다.

그 순간 나는 "알아보고 있어요"라고 짧고 무난한 대답을 할 수도 있었지만, 그러지 않았다. 이모부의 생각을 바꾸려는 건 아니었지만, 좀 더 진정성 있게 나의 생각을 설명하고 이모부와 나누고 싶었다. 그래서 내가 왜 이 시간을 갖게 되었는지, 지금 무슨 일을 하고 있는지를 진심을 다해 설명했다. 저자로서 책을 쓰는 것, 자문과 컨설팅 프로젝트, 블로그 연재와 잡지 기고까지, 당장 돈이 되진 않더라도 이 모든 것들이 얼마나 많은 시간과 에너지를 필요로 하고 또 그 안에 어떤 배움과 깨달음이 있는지를 말씀드렸다. 잠시 놀란 듯 보이던 이모부가 다시 물었다. "그럼... 돈은 받아?"

나는 일부 프로젝트는 유료고, 일부는 무보수라고 설명했다. 그리고 그 무보수 활동들을 '장기적인 성장에 대한 투자'라고 생각한다고 말씀드렸다. 언젠가 내 가치를 높여줄 수 있는 기회일 수도 있고, 혹시 아무런 결과가 없더라도 그 과정 자체가 의미 있다고 믿는다고 덧붙였다. 내 기준에선 그걸로도 충분히 '일한 셈'이었다.

이모부는 고개를 끄덕이며 말씀하셨다. "들어보니까 일을 안 한 게 아니라, 그저 우리가 아는 방식대로 일한 게 아닐 뿐이네. 우리 세대는 '일' 하면 무조건 아침 9시부터 저녁 6시까지니까."

일흔을 바라보는 연세의 이모부에게 가장 중요한 일의 가치는 '안정'과 '수입'이었다. 나는 요즘 사람들은 9 to 6 시스템에 의문을 품고 있고, 커리어나 수입의 구조를 스스로 다시 짜보려는 시도들을 많이 하고 있다고 이야기했다. 명예나 안정성 같은 전통적인 성공의 척도보다, 개인의 가치와 삶의 균형을 더 중요하게 여기는 사람들이 늘고 있다고.

이모부가 내 말을 완전히 이해하셨는지는 잘 모르겠다. 하지만 나는 우리가 각자의 진심을 나눴다는 사실만으로도 만족스러웠다. 때로는 그것으로 충분하다.

나는 이모부를 정말 사랑한다. 그 분은 항상 보수적인 편이었고, 내 사촌에게도 엄격한 아버지였지만, 젊은 시절엔 오토바이를 타고 다니며, 아메리칸 드림을 좇던 자유로운 청춘이었다고 들었다. 그래서 나는 이모부의 마음속 깊은 곳에는 나처럼 자신만의 길을 개척하려는 사람들을 이해하는 마음이 남아 있다고 믿는다.

회사를 그만두거나 안식년을 가진다고 하면 대부분의 주변 사람이나 가족들은 우려와 의심 섞인 질문을 보내온다. 만약 당신도 그런 경우라면 반드시 알아야 할 한 가지가 있다. 누구의 의견이 진짜 중요한지를 구별하는 법이다.

반드시 모든 사람에게 내 선택을 설명할 필요는 없다. 그들의 이해와 수용이 없어도 내 길은 달라지지 않는다. 물론 소중한 관계라면 내 생각을 진심으로 이야기하는 것도 의미 있는 일이지만, 그 경우에도 '이해 받을 거라는 기대'는 내려놓는 게 좋다. 그들의 허락을 기다리다 보면 결국 그 시간만큼 내 삶은 늦춰지고, 때로는 거기서 그냥 멈춰버릴 수도 있다. 그리고 가장 안타까운 결말은 언젠가 뒤돌아봤을 때 이렇게 깨닫는 것이다. '그때 그들의 반응이 두려워서 내가 진짜 원하는 삶을 살지 못했구나.'

Year-off 동안 나에게 회의적이거나 비판적인 시선을 보내는 사람들을 볼 때마다 시어도어 루스벨트Theodore Roosevelt의 이 말을 떠올렸다. "바보 소리를 들어가며 실제로 경기장 안에서 싸우고 있는 사람이 아니라면, 나는 그 어떤 피드백에도 관심이 없다. 오늘날 세상엔 자신은 단 한 번도 용기 내어 자기 인생을 살아보지 않은 채, 그저 경기장 밖에서 온갖 비판과 조언만 던지는 사람들이 넘쳐난다. 그들은 감히 도전해보는 우리에게 냉소와 비난, 두려움만을 투척한다. 자신은 절대 위험을 감수하지 않으면서 남을 평가만 하는 이들, 나는 그런 이들의 말은 듣지 않는다."

진짜 나답게 살기 위해선 분별력이 필요하다. 과연 누구의 말이 정말로 중요한가? 그 질문 속엔 관심과 배려가 담겨 있는가, 아니면 두려움과 투사, 평가가 담겨 있는가?

내가 마음을 열고 진심을 전하고 싶은 사람이라면 솔직하게 내 이야기를 들려주는 것이 맞다. 하지만 기억하자. 그다음은 내 몫이 아니다. 내가 할 일은 누구에게 이야기할지를 정하고, 그리고 진심을 전하는 것, 그것으로 충분하다.

5. 난기류

Tubulence

만약에 취리히에
정착한다면 어떨까?

봄이 끝나갈 무렵 책 집필도 끝을 향해 가고 있었다. 그런데 왠지 모를 찜찜함에 자꾸만 앞부분을 들춰보고, 문장을 다시 고치고, 시간이 조금만 더 있다면 원고가 더 좋아질 것 같은 생각이 들었다. 여전히 고쳐야 할 부분이 많은데 너무 빨리 손에서 놓아버리는 건 아닌가 하는 불안한 마음도 있었다.

그럴 때마다 나는 자연에서 힌트를 얻곤 했다. 양양에 머무는 시간이 며칠 남지 않은 상황, 글을 쓰느라 미뤄 뒀던 서핑 수업을 받으면서 번뜩 깨달았다. 서핑의 대부분은 기다림이다. 적당한 파도를 기다렸다가 '지금이다' 싶을 때 망설임 없이 파도에 올라타는 것. 원고도 마찬가지였다. 파도를 대하듯 마음을 내려놓고, 흐름에 몸을 맡기기로 했다.

그래, 내 역할은 일단락되었다. 책을 출판하는 것은 혼자서 하는 일이 아니며, 편집자, 디자이너, 마케터 등 여러 사람들의 손이 닿아야 비로소 완성되는 프로젝트이다. 나는 그 퍼즐의 한 조각일 뿐, 내 목표는 지금껏 경험해보지 않은 이 프로젝트를 통해 배우고 성장하는 것이므로 이제는 내려놓고 기다릴 때라고 생각했다. 출간이라는 다음 최종 파도를 타기 위해서 말이다.

출판사에 원고를 모두 넘긴 다음 날, 마쿠스와 나는 다음 한 달 살이 장소로 떠났다. 이번엔 한국이 아닌 해외였다. 1년의 4분의 3이 지나고 새로운 전환점에 들어서는 시점이었다. 이번 Year-off를 마무리하고 인생의 다음 챕터는 어디서 살아갈지를 고민하며 떠난 여행이었다.

우리가 가장 오래 바라본 도시는 취리히였다. 산과 가까운 곳에 위치했고, 기술 산업이 발달해 있으며, 독일어권 지역이라 마쿠스가 새로운 언어를 배울 필요가 없었기 때문이다. 모든 조건이 이상적으로 보였다. 그런데 마쿠스의 형이 이런 말을 했다. "한 번도 살아본 적 없잖아. 일단 체험해보는 게 어때?"

맞는 말이었다. 그래서 우리는 한 달 동안 실제로 취리히에 살면서 일자리도 알아보고, 이곳이 정말 '집'처럼 느껴지는지를 실험해보기로 했다. 7월 초, 그렇게 45일간의 취리히 생활이 시작됐다.

집은 현지인 가족을 통해 구했다. 유럽에서는 여름이면 산이나 호숫가로 떠나는 사람들이 많아서 그들이 집을 비운 동안 머무를 수 있었다. 집 안을 둘러보니 주인이 건축가와 디자이너 부부라는 걸 바로 알아챌 수 있었다. 사진도 그렇고, 책장엔 건축과 디자인, 철학 관련 주제들로 독일어와 영어가 뒤섞인 책들이 가득했다. 샐리 루니의 《노멀 피플 Normal People》, 존 마에다의 《단순함의 법칙 The Laws of Simplicity》 같은 책들에 손이 갔다. 벽에는 부부의 아이가 그린 그림들이 걸려 있었는데, 부모의 창의력이 자연스럽게 아이에게 전해진 느낌이었다.

집은 전체적으로 오래된 유럽 특유의 감성이 묻어 있었다. 5층짜리 건물에 엘리베이터가 없어 처음엔 조금 불편했지만 곧 익숙해졌다. 거실은 작지만 생기가 느껴졌다. 빨간 식탁, 초록 소파, 노란 독서 의자, 그리고 큰 창문으로는 초록빛 삼각 언덕이 한눈에 들어왔다. TV도 전자레인지도 없고, 오래된 라디오에서 재즈 채널만 조용히 흘러나왔다. 그 단순함이 좋았다. 아무 것도 고르지 않고 그냥 틀어놓기만 하면 됐다. 주방엔 커피 머신도 없어서, 매일 아침 원두를 직접 손으로 갈아야 했다. 첫 모금을 마시기까지 5분쯤은 손을 써야 했지만, 그 시간마저 느긋한 여유로 다가왔다.

취리히는 우리를 천천히 살게 했다. 가족이 남겨준 자전거로 도시 곳곳을 돌아다녔다. 대도시 같으면서도 친근하고, 현대적이면서도 고요했다. 고층 건물도, 분주함도 없었다.

　집 앞에는 텃밭이 길게 펼쳐져 있었고, 햇빛을 가릴 게 없으니 허브와 채소들이 쑥쑥 자랐다. 페퍼민트, 레몬그라스, 바질, 오이까지 다양했는데, 모두 제대로 자라기 전에 꽃이 먼저 피어버렸다. 알고 보니 꽃을 따줘야 잎이 제대로 자란다고 한다. 그 짧은 시간을 알고 있는 듯, 우리가 꽃을 따버리기 전에 벌들은 바쁘게 날아다녔다. 주변은 조용했지만, 내 머릿속은 그 벌들처럼 분주했다. 앞으로의 일을 생각하느라 끊임없이 웅성댔다.

나는 지금
뭘 하는 사람일까?

출판사에서 편집팀이 원고를 다듬는 동안, 나는 책 본문에 넣을 냅킨 스타일의 일러스트를 그리고, 책 제목을 고민하고, 작가 소개 문장을 쓰고, 마케팅 레퍼런스를 수집하고, 책의 레이아웃과 표지 디자인을 논의했다.

그러던 어느 날, 작가 소개를 적을 차례가 되자 편집자가 조심스럽게 물어왔다. "지금 직함은 어떻게 적는 게 좋을까요? '전前 메타 리더'로 할까요?"

그 질문이 내 안의 여러 질문을 불러왔다. '지금 나는 리더인가? 일하지 않는 사람이 '일'에 대한 책을 내도 과연 괜찮은가?

독자들이 신뢰하지 않으면 어떡하지? 책의 판매에 영향을 주지는 않을까?'

편집자와 처음 미팅했을 때만 해도 Year-off가 끝나갈 무렵엔 내 이름 옆에 뚜렷한 새 타이틀 하나쯤은 붙어 있을 거라 기대했다. 물론 시간이 지나면서 우선 책 프로젝트에 집중하고, 진로는 그다음에 정하기로 마음먹었지만 말이다.

불확실성이 더 이상 두렵지 않았고 이미 익숙해진 나였지만, 그 불확실성이 다른 사람들, 예컨대 출판사 편집자나 마케터, 독자들에게는 영향을 줄 수도 있다는 걸 그제야 실감했다. 아이러니한 점도 있었다. 이 책을 통해 한국에서 어떤 새로운 기회가 열릴 수도 있는데, 우리 부부는 유럽에서의 삶을 계획하고 있었다. 모든 조각들이 꼭 맞아떨어지는 건 아니었다.

'지금 이 선택이 맞는 걸까? 책 작업과 병행하며 취업 준비를 해야 했던 건 아닐까? 출간을 미뤘더라면 더 좋았을까? 혹시 한국에서 찾을 수 있는 기회 중 유럽에서 원격으로 할 수 있는 일도 있을까…?'

취리히의 조용한 시간 속에서, 이런 질문들이 계속 머릿속을 맴돌았다.

계획했던 1년이
끝나가고 있었다

답을 찾고 싶을 때면 나는 늘 두 곳으로 눈을 돌린다. 자연, 그리고 내가 신뢰하는 사람들이다. 그중에는 친구도 있고, 멘토도 있고, 나와 비슷한 갈림길을 지나온 이들도 있다. 몇 달간 글을 쓰느라 사회적으로 거의 동면 상태였던 나는 오랜만에 사람들에게 연락을 돌리기 시작했다. 한 명씩 화상통화를 통해 다시 연결을 시도했다.

명확한 해답을 얻고 싶었다기보다 그냥 익숙한 목소리를 듣고 싶었다. 내 인생의 상수 같은 존재들과 다시 교감하고 싶었는지도 모르겠다. 아닌 게 아니라, 이 한 해 동안 새로운 사람, 새로운 환경 등 정말 많은 변화를 경험한 터라 그리운 이들과 오랜만에 대화하니 마치 집으로 돌아온 것처럼 편안했다. 그건 장소에 대한 감정이 아니라, 나를 진짜로 잘 아는 사람들과의 연결에서 오는 것이었다.

첫 번째 Year-off에도 함께 있어준 친구들, 커리어를 전환하거나 해외로 거주지를 옮겨본 경험이 있는 사람들, 그리고 책을 출간해본 몇몇 멘토들과 이야기를 나눴다. 그 대화들에는 몇 가지 공통점이 있었다.

+ 모두들 벌써 Year-off의 4분의 3이 지나갔다는 사실에 깜짝 놀랐

다. 정형화된 루틴에서 벗어나면 시간의 흐름도 다르게 체감한 다는 것을 새삼 깨달았다.

+ 나에게 중요한 사람들 중 누구도 내가 다음 계획이 없다는 이유로 나를 비난하지 않았다. 그들은 모두 의문을 갖고 질문하는 건 너무 자연스러운 일이고, 확신이라는 게 항상 제때 찾아오는 건 아니라고 말해주었다.
+ 내가 "계획한 시간이 거의 다 되어가고 있는데 나는 아직…"이 라고 말했을 때 돌아온 반응은 하나같았다. "그럼 시간을 더 가져." 실제로 팀장급이나 디렉터급 채용을 해봤던 이들은 말했다. 커리어의 연속성보다 더 중요한 건 그 사람의 실력과 태도라고.
+ 거의 모든 사람들이 자기만의 'What-If'를, 그러니까 일종의 버킷리스트를 들려주었다. 내가 Year-off를 보내는 모습을 보며, 그들도 각자 마음속에 묻어 둔 갈망을 돌아보았다. 외국에서 살아보기, 커리어 전환, 책 쓰기 같은 것들 말이다.

특히 꼭 대화하고 싶었던 사람 중 한 명은 아틸라Athila였다. 그는 메타에서 함께 일했던 전직 디자인 매니저로, 내가 일하면서 크고 작은 변화가 생길 때마다 의지했던 사람이다. 아틸라는 메타와 에어비앤비에서 큰 조직을 이끄는 와중에도 늘 시간을 내어 진심 어린 조언을 해줬다. 나보다 먼저 내 안의 리더십을 알아보고, 그 재능을 구체화할 수 있도록 도와준 사람이기도 했다.

예전에 1:1 미팅 중 아틸라가 이런 말을 한 적이 있다. 마흔

다섯이 되기 전에 은퇴하고, 완전히 새로운 무언가를 시도하고 싶다고. 꼭 그럴 필요가 있어서가 아니라, 아이들에게 삶이 한 가지 길만 있는 게 아니라는 걸 보여주고 싶어서라고. 당시에는 그의 생각이 다소 급진적이고 낯설게 느껴졌는데, 이제 내가 비슷한 생각을 하고 있었다.

함께 일할 당시 나는 그에게 10년에 한 번씩, 1년의 안식년을 갖는 계획에 대해서도 말했었다. 그리고 이번에도 내 고민과 생각을 털어놓았는데, 그의 대답은 아주 심플했다. "꼭 1년이어야 할 이유가 있어?" 여건이 허락한다면 더 쉬어도 된다는 그의 관점은 내 마음을 한결 편하게 만들었다. 그러더니 자신도 내년에 안식년을 계획 중이라고 말했다. 커리어 전환을 고려 중이라 잠시 멈추고 탐색해보는 시간을 갖기로 했다는 것이다.

아틸라와의 대화는 여러 모로 유익했는데, 특히 나중에 다시 직장을 다닌다면 아틸라 같은 리더와 일해보고 싶다는 생각이 들었다. 호기심과 용기, 그리고 틀에 박히지 않은 사고를 장려하는 사람. 1년의 공백이 있었다는 이유로 평가절하하지 않고, 오히려 "왜 그런 결정을 하셨어요?" "그 시간 동안 무엇을 배웠나요?" 하고 물어봐주는 리더와 함께하고 싶었다. 그런 회사라면 이렇게 커리어의 단절을 걱정할 필요도 없겠다 싶어 갑자기 마음이 편안해졌다.

생각해보면 내가 이번 Year-off 동안 가장 많이 의지했던 사람들은 대부분 메타에서 함께 일했던 이들이다. 그 7년여의 시간은 나에게 큰 변화를 안겨줬다. 메타 특유의 문화와 운영 방식도 영향이 컸지만, 결국 가장 큰 영향은 '사람'이었다. 열린 사고를 가진 사람이 또 그런 사람을 채용하고, 그렇게 문화가 되어 조직에 퍼져나갔다. 돌아보면 내가 메타에서 얻은 가장 큰 자산은 명함도 실력도 아닌, 바로 사람이었다.

예상치 못했던 씨앗 하나

아틸라와의 대화는 또 하나의 뜻밖의 씨앗을 남겼는데, 바로 '뮌헨'이라는 아이디어였다. 그 역시 나처럼 한군데에 정착하는 전통적인 아메리칸 드림보단, 대륙을 넘나드는 자유로운 삶을 꿈꾸는 사람이었다. 에어비앤비에서 디자인 리더로 일하며 여행이 일상이 된 그는 이미 그 비전을 향해 한 걸음씩 나아가고 있었다. 실제로 그는 아시아나 유럽에도 거점이 될 만한 공간을 물색하고 있었다. "유럽이라면 어디 생각하고 있어요?" 내가 묻자, 그는 "리스본이나 뮌헨"이라고 답했다.

조금 의외였다. 뮌헨은 아틸라가 찾을 법한 크리에이티브하고 국제적인 에너지가 있는 도시라고는 생각되지 않았기 때문이다. 그런데 그는 뮌헨이 작지만 문화가 깊고, 아름다운 자연으로 둘러싸여 있으며, 국제공항도 잘 연결되어 있다고 말했다.

마침 일주일 후 마쿠스의 어머니가 취리히로 우리를 찾아오셨을 때도 뮌헨 얘기를 꺼내셨다. 우리 부부가 중요하게 여기는 요소들이 다 있는 도시일 뿐 아니라, 스위스식 독일어가 아니라 표준 독일어를 구사하는 지역이라는 것이다. 그리고 몇 주 뒤, 내 동생도 뮌헨을 언급해서 조금 놀랐다. 그 이유는 나중에 곧 설명하겠지만, 중요한 건 뮌헨이라는 지명이 계속해서 주변 대화에서 흘러나왔다는 점이다. 마치 우주가 가만히 내게 힌트를 건네는 것 같았다.

이너 피스를 찾아서

어느 여름날, 마쿠스와 내가 이 여름을 전혀 다른 시선으로 바라보고 있다는 걸 깨달았다. 그 차이를 만든 건 결국 우리가 자라온 환경이었다. 내게 이 여름은 안식년의 마지막 스테이지, 즉 다음 커리어를 결정하고 어디서 살아갈지를 정하기 위한 일종의 '리서치' 기간이었다. 그런데 마쿠스는 달랐다. 또 언제 이런 시간이 올지 모르니 감사한 마음으로 마음껏 누리자고 생각했다. 실제로 그는 수영할 곳을 찾아다니고 햇살을 흠뻑 즐기며 하루하루를 만끽하며 자신의 생각을 실천했다.

취리히에는 의외로 야외 수영장이 많았다. 바다처럼 보일 정도로 광활한 호수와 크고 작은 강들이 여름이면 모두 공공 수영장으로 변신했다. 샌프란시스코나 맨해튼, 서울처럼 강을 끼고 있는 도시에 살아본 적은 있지만, 야외 수영이 일상처럼 자연스러운 곳은 처음이었다.

어느 무더운 오후, 나도 마쿠스를 따라 수영장 한 곳으로 향했다. 차가운 물에 몸을 담갔다가 나와선, 수건 대신 햇빛에 몸을 말리며 주변을 둘러봤다. 아이들은 선착장에서 겁도 없이 물속으로 뛰어들고, 어른들은 책을 읽거나 낮잠을 자며 따뜻한 햇살을 즐기고 있었다. 서두르는 사람도 없었고, 누구도 시간에 쫓기지 않았다. 그냥 그 자리에 존재하고 있을 뿐이었다.

"미국은 일하기 위해 살고, 유럽은 살기 위해 일한다"는 말이 있다. 유럽의 많은 나라는 연 평균 25일에서 30일 정도의 휴가를 보장하고, 초과 근무 시간에 따라 추가 휴가도 발생한다. 중부와 북유럽은 겨울에 몰아서 일하고, 여름엔 완전히 쉬는 문화를 갖고 있다. 어떤 가족들은 여름 내내 여행을 떠나거나, 아니면 아예 집에 머물며 삶의 속도를 늦추기도 한다.

취리히는 일반적으로 인기 있는 여름 휴양지가 아니었고, 많은 현지인들이 이미 다른 곳으로 휴가를 떠난 상태여서 도시는 평소보다 한산했다. 남아 있는 사람들 역시 내가 호숫가에서 본 이들처럼 여유를 만끽하고 있었다.

예전에 노르웨이에 살 때 이런 계절의 리듬을 배운 적이 있지만, 이렇게 제대로 체감한 건 처음이었다. 며칠이 아니라 몇 주, 심지어 몇 달을 온전히 쉬는 사람들에게서 나올 수 있는 이완된 표정과 서두르지 않는 편안함이 인상적이었다. 그제야 비로소 머리로만 알고 있던 것을 진짜로 이해하게 되었다.

'아, 이게 바로 여유(이너 피스 inner peace)라는 거구나!'

'여유'는 경제적인 넉넉함을 뜻하기도 하지만, 좀 더 깊게 보면 느긋한 마음이나 대범하고 너그러운 태도를 의미하기도 한다. 물론 여유라는 단어야 알고 있었지만, 실제로 내가 그런 상태를 느껴본 적은 거의 없었다. 그런데 이곳의 삶 곳곳에는 정말로 여유가 배어 있었다.

이상하게도 마음 한구석에서 약간의 반감이 느껴졌다. '정말 이렇게 살아도 괜찮은 걸까?' 어릴 때 들었던 이솝 우화 '개미와 베짱이'가 떠올랐다. 어렸을 때부터 나는 개미처럼 1년 내내 부지런히 일하고 준비해서 살아남아야 한다고 배웠다. 한국의 빠른 경제 성장 역시 이러한 사고방식에서 비롯되었고, 나도 그런 태도 덕분에 IT 업계에서 빠르게 커리어를 키워올 수 있었다. 그래서였을까. 오랫동안 계획해온 안식년의 자유 속에서도 나는 여전히 무언가를 이뤄내야 한다는 압박을 느끼고 있었다. '이 시간을 헛되이 보내면 안 돼.' 거의 매일 그런 생각을 하며 살았던 것 같다. 설사 외부의 기대를 내려놓았다 한들, 내 자신과의 싸움은 좀처럼 멈추기 힘들었다.

나는 Year-off의 성공 여부를 '계획한 것들을 얼마나 생산적으로 해결했는지'로 평가하고 있었다. 반면 마쿠스는 정규직일 때 느끼기 힘든 이 자유를 제대로 만끽하는 데 진심이었다. 한국과 미국의 문화는 늘 미래에 초점을 맞추고 항상 다음 일을 위해 최적화하려는 경향이 있다. 하지만 진정한 의미의 여유는 지금 이 순간을 온전히 받아들이는 데서 오는 것인지도 모른다.

이런 생각이 머릿속을 맴도는 사이 마쿠스가 내 옆에 와 앉았다. 함께 호수를 바라보며 나는 물었다.

"지금까지 이 한 해를 잘 보내고 있다고 생각해?"

"그럼."

"후회는 없어?"

"없어. 한국어도 배우고 있고, 새로운 문화도 경험했고, 새로운 프로그래밍 언어도 재미있게 익혔어. 그리고 지금은 우리 둘이 최고의 여름을 보내고 있고. 나는 아주 좋은 시간을 보내고 있다고 생각하는 걸."

새삼 마쿠스와 내가 이 시간을 얼마나 다르게 바라보고 있는지를 느끼면서 존경과 부러운 마음이 동시에 들었다. 물론 마쿠스도 나의 추진력과 결단력에 감탄했고, 나도 그게 고마웠다.

우리가 함께한 7년 동안 우리 둘의 차이를 발견한 것이 이번이 처음은 아니었다. 하지만 여기 유럽의 호숫가에 앉아 어린 시절 마쿠스를 떠올리게 하는 아이들이 호수에 뛰어드는 모습을 보고 있자니 뭔가 다른 생각이 들었다.

마쿠스는 늘 '하고 싶은 것'을 기준으로 선택하며 살아왔다. 그의 아버지는 세 자식 모두에게 클래식 악기를 배우고, 유학을 가고, 좋은 성적을 받으라고 격려했다. 두 형제는 자발적으로 그 길을 따랐지만, 막내였던 마쿠스는 달랐다. 반항해서가 아니라,

그냥 다른 게 하고 싶었기 때문이다. 클래식 대신 기타를 택했고, 외국어 대신 프로그래밍 언어와 컴퓨터 그래픽을 익혔다. 어릴 적부터 혼자 방에 틀어박혀 몇 시간씩 코딩에 몰두했다고도 한다. 그는 성장이나 외부의 인정을 쫓아 산 적이 없다. 그냥 좋아하는 걸 따라갔을 뿐이고, 그의 삶은 그 길 위에 자연스럽게 쌓여 갔다.

"진짜 원할 때만 해."

그게 마쿠스의 삶의 원칙이었다. 그리고 어쩌면 여유라는 건 결국 자신이 온전히 스스로 선택할 수 있는 힘에서 나오는 건지도 모른다. 여름이 깊어지면서, 내 생각도 조금씩 깊어졌다.

"인생의 다음 챕터는 유럽에서 살아보고 싶어."

나만을 위해 한 말이 아니었다. 언젠가 아이를 낳게 된다면, 내가 누리지 못했던 여유를 그 아이에게는 주고 싶었다. 어린 시절은 바꿀 수 없지만, 지금 현재와 미래는 내가 선택할 수 있다. 나는 이제라도 삶의 우선순위를 바꿔보고 싶었다. 직업보다는 오히려 어떤 문화를 마주하고 어떤 환경에서 사는지가 삶의 질을 좌우한다는 걸 깨달았다. 직장과 도시, 국가 등 우리를 둘러싼 환경은 우리의 행동, 가치, 사고방식을 결정한다. 어떤 문화는 우리의 사고를 더 굳히기도 하고, 또 어떤 문화는 그것을 유연하게 바꾸기도 한다.

유럽을 선택하면 연봉은 확실히 줄어들고 선택할 수 있는 회사 수도 적어질 것이다. 하지만 나는 생각했다. '우리에게 정말 그렇게 많은 선택지가 필요할까? 한 번에 하나의 일자리만 있으면 되는 거 아닌가?'

그해 Year-off는 우리에게 정말 중요한 게 무엇인지 또렷하게 알려주었다. 우리가 원하는 삶을 살 수 있다면, 큰 집, 좋은 차, 특정한 명함에서 오는 명예 등은 내려놓을 수 있다고 생각했다. 물론 다시 언어 장벽과 문화 충격을 마주해야 할 것이다. 미국의 IT 업계가 점점 다양성을 갖추기 시작한 이 시점에, 어쩌면 나는 기회와 가능성이 모두 낮은 세계로 가는 선택을 하는 것인지도 모른다. 과연 나는 준비가 되었을까? 답은 이미 알고 있었다. 직접 경험해보지 않는 이상 어떻게 알겠는가. "시도해봐야 알 수 있지."

그간 이사나 이주는 일반적으로 더 나은 경제적 기회를 위한 선택이었다. 하지만 앞으로는 삶의 방식이 더 중요한 이유가 될 수도 있다. 연구에 따르면, 행복에도 임계점이 있어서 경제적인 안정이 어느 수준에 이르면 그 이후에는 수입이 더 늘어난다고 해서 행복이 비례해서 커지는 것은 아니라고 한다. 미국은 '더 많은 게 더 좋은 것 More is More', 유럽은 '덜어낼수록 더 나은 것 Less is More'이라는 말도 있다.

나는 한국에서 어린 시절을 보내고, 미국에서 성인이 되었다. 국경을 넘는 삶이 결코 쉽지 않다는 걸 누구보다 잘 알고 있다. 하지만 또 한 번의 갈림길에서 내 마음은 이렇게 말하고 있었다.

"한번 가보자!"

Questions & Tips

피벗을 위한
의사 결정 프레임워크

앞서 '직감—데이터—직감' 순에 의한 의사결정 방식을 소개한 바 있다. 이번에는 그중 '데이터' 단계에서 자주 활용하는 질문 세 가지를 공유하려 한다. 트레이드오프(어느 것을 얻으려면 반드시 다른 것을 희생해야 하는 경제 관계) 따져보기, 그것들에 대한 나의 감정적 반응 살피기, 그리고 여러 시나리오를 가정해보기인데, 이렇게 얻어지는 데이터는 '직감'이 최종 결정을 내리기 전에 반드시 따져봐야 하는 것들이다.

1. **트레이드오프를 받아들인다.**

모든 걸 다 가질 수는 없다. 가장 소중한 한두 가지를 위해 나머지를 내려놓는 연습이 필요하다. 다시 한번 스스로에게 물어보자. '진짜 중요한 걸 위해 내가 기꺼이 포기할 수 있는 건 뭘까?'

2. 스스로에게 물어보자. '이건 내가 진짜로 원하는 것인가?'

남의 기대와 나의 진짜 니즈를 구분하는 게 중요하다. '해야 할 것'이 아니라 '하고 싶은 것'을 찾는 게 핵심이다.

3. 결정을 일종의 실험으로 여긴다.

모든 선택이 돌이킬 수 없는 건 아니다. '이걸 한번 시도해보면 어떨까?' 하는 마음으로 접근하면 훨씬 수월해진다. 과정 속에서 얼마든지 수정할 수 있다는 믿음을 갖는 게 중요하다.

이런 질문을 따라가다 보면 마음이 한층 더 명확해질 것이다. 물론 그렇다고 해서 큰 결정이 갑자기 쉬워진다는 건 아니다. 그저 불확실성은 과정의 일부이고, 그 무게를 느끼는 것도 자연스러워질 것이다.

아울러 꼭 기억했으면 하는 조언 한 가지는, 몸과 마음을 먼저 돌보자는 것이다. 그래야 내면의 목소리가 더욱 잘 들리고, 모든 과정을 잘 버텨낼 수 있다.

마지막으로, 진짜 최악의 선택은 아예 아무것도 선택하지 않는 것이다.

이것으로 충분하다는 만족감

취리히의 8월은 내가 한 번도 경험해보지 못한 여름 폭풍우를 몰고 왔다. 어느 날 오후, 도서관에서 자전거를 타고 돌아오던 길이었다. 갑자기 하늘이 어두워지더니 천둥이 요란하게 울리고 거센 바람이 휘몰아쳤다. 순식간에 비가 퍼붓기 시작했다. 골목의 간판들이 흔들리고 내 자전거까지 휘청일 정도였다. 우비도 없었고, 근처에 비를 피할 곳도 마땅찮았다. 집까지는 30분이나 남아 있었다. 여기서 멈춘다면 흠뻑 젖은 채로 꼼짝없이 혼자 서 있어야 했기에 나는 더 세게 더 빠르게 페달을 밟았다.

거리에는 아무도 없었고, 조용한 공포가 스며들었다. 그런데 집에 도착하기 5분 전쯤, 갑자기 마음속에서 무언가가 바뀌는 게 느껴졌다. 공포 대신 전혀 다른 감정으로 머릿속이 완전히 고요해졌고, 그 순간 문득 이런 생각이 들었다. '지금 이대로 끝난다고 해도 후회는 없겠다.'

나는 올 한 해, 정말 내 마음이 이끄는 대로 살아왔다. 부모님을 비롯해 가족과 더 많은 시간을 보내고, 낯선 도시에서 살아보고, 난생처음 책을 써보고, 나 자신에게 진짜 숨 쉴 공간을 허락해주었다. 불확실함 속에서도 용기를 내어 여러 가지 선택을 하고 시도했다.

집에 도착했을 땐 온몸이 흠뻑 젖어 있었다. 옷을 벗고 따뜻한 욕조에 몸을 담갔다. 욕실에서 나왔을 때 폭풍은 거짓말처럼 사라지고 하늘이 맑게 개어 있었다. 그날의 라이딩은 모든 걸 깨끗이 씻겨내고 본질로 되돌려놓았다. 이번 Year-off의 남은 시간이 어떻게 흘러가든, 나는 이미 충분히 해냈다는 확신이 들었다. 그리고 그날 밤은 몇 달 만에 가장 깊은 잠을 잤다.

며칠 후, 서른여섯 번째 생일을 맞았다. 아침에 무심코 책장에 손을 뻗었고 《야성의 부름 The Call of the Wild》이라는 책이 눈에 들어왔다. 이 책은 안락한 집에서 길러지던 벅이라는 개가 알래스카의 거친 자연에 내던져지며 점차 야성의 본능을 회복하고, 결국 늑대 무리에 합류한다는 이야기다.

그날은 마쿠스와 함께 농산물 시장에 가서 과일을 사고 팬케이크를 만들어 조촐하게 생일을 축하했다. 촛불을 끄면서 눈을 감고 올 한 해 동안 나를 믿어준 사람들과, 무엇보다 나 자신을 믿는 법을 배운 것에 대해 감사했다.

도전 근육을 키우는 습관

스물아홉 살이 된 이후로 나는 매년 '두려운 일 한 가지 하기'를 나만의 생일 챌린지로 삼았다. 사실 어릴 땐 서른이 되는 게 너무 두려웠다. 인생이 마치 유성처럼 20대까지만 빛나고, 그 이후엔 점점 꺼져 간다고 생각했던 것 같다. 직장에 정착하고, 결혼하고, 아이를 낳고…. 그렇게 살아가다 보면 언젠가 나라는 사람이

사라질 것만 같았다. 그 흐릿해지는 감각이 두려웠다. 그래서 불꽃이 꺼지지 않게 하려고 매년 무언가 도전하기로 한 것이다.

서른 살엔 처음으로 라스베이거스에 가서 룰렛을 돌리며 도박과 패배에 대한 두려움을 직면했다. 서른하나가 되던 해엔 고소 공포증이 있는 내가 스카이다이빙을 했다. 서른두 살엔 머리를 짧게 자르고 히말라야로 트레킹을 떠났다. 서른세 살엔 헬리콥터를 타고 공중에 발을 매달고 날았다. 서른네 살엔 뉴욕 코니 아일랜드의 90도 경사 롤러코스터 '썬더볼트'를 탔다.

이런 도전은 매번 나에게 알려줬다. '나는 내 두려움보다 강하다!' 그 해에 한 도전은 그 해 내가 살아 있다는 증거가 되었고, 내가 내 한계를 넘을 수 있다는 증명 같은 의식이었다. 그러다 서른다섯 살이 되던 해엔 뭘 해야 할지 떠오르지 않았다. Year-off 자체가 워낙 큰 점프 같았기 때문이다. 직장을 그만두고, 책을 쓰고, 나라를 옮겼다. 굳이 또 하나를 더해야 할까?

그러다 어느 날 취리히의 야외 수영장에 있는 다이빙대를 봤다. 그곳의 수영장에는 1미터, 3미터, 5미터 높이의 다이빙대가 있었고, 매일 아이들이 그 위에서 뛰어내렸다. 어떤 아이는 기뻐 소리를 지르고, 어떤 아이는 겁에 질린 얼굴을 하고 있었지만, 대부분 결국엔 뛰었다.

어느 날 나도 1미터 다이빙대에 올라섰다. 그 정도는 쉬울 줄 알았는데, 그런데 아래를 내려다보는 순간 멈칫할 수밖에 없었다. 물이 맑고 깊어서 실제보다 훨씬 높아 보였다. 고소공포증이 올라왔다. 잠시 머뭇거렸지만, 그래도 결국 뛰었다. 수면 위로 올라오자마자 마쿠스가 장난스럽게 말했다. "이제 3미터 가자." 나는 "생일 때 한번 해볼게" 하며 일단 웃어넘겼다.

그리고 정말 생일날, 그 전통을 이어 가기로 마음먹었다. 스카이다이빙처럼 낙하산이 있는 것도 아니고, 헬리콥터처럼 좌석에 묶여 있는 것도 아니었다. 이번엔 완전히 나 혼자였다.

사실 그 전날부터 수영장에 가서 몇 바퀴 수영을 하며 마음의 준비를 했다. 성인 여자가 다이빙대 앞에서 망설이는 모습은 피하고 싶었기에 되도록이면 아무도 나를 보지 않을 때 다이빙대 앞에 섰다. 머릿속에선 '뛸 수 있어!'와 '하지 마!'가 싸움을 벌였지만, 결국 숨을 깊이 들이마시고 앞으로 나아가 뛰었다.

자유 낙하는 생각보다 훨씬 무서웠고, 예상보다 물속으로 더 깊이 가라앉았다. 하지만 결국 물이 나를 내가 있어야 할 수면 위로 밀어 올렸다. 몇 시간 동안 망설였던 것에 비해 그 점프는 고작 1초밖에 걸리지 않았다. 물에서 나올 땐 다리에 힘이 풀려 허둥지둥했지만, 그러고 나서 별 생각 없이 다시 점프대로 올라갔다. 그런데 막상 서 보니 이번에도 역시 몸이 긴장되고 심장이 빠르게 뛰었다. 하지만 나에겐 이제 '뛰어봤다'는 기억이 있었다. 그 기억이 다음 도약을 조금 더 용감하게 만들어줬다.

Questions & Tips

두려움에 익숙해지기

용감한 사람은 두려움이 없는 사람이 아니라, 두려움에도 불구하고 행동하는 사람이다.
당신도 '생일 챌린지' 같은 당신만의 도전을 해보면 어떨까? 꼭 매년이 아니어도 좋다. 다음 생일을 목표로 '두려운 일 한 가지'를 정해보자. 그리고 누군가에게 그 이야기를 공유하자.

사상 초유의
레이오프 사태

취리히의 고요한 여름은 우리에게 새로운 경험과 소중한 교훈을 안겨줬다. 하지만 돌이켜보면 그건 폭풍 전야의 고요함이었다. 뉴스에서 '사상 초유의 레이오프Lay off 사태'라고 부르는 이 폭풍은 정말 끔찍했다.

여름이 끝나갈 무렵 마쿠스는 본격적으로 구직 활동을 시작했다. 1순위는 구글 취리히 지사였고, 다행히 지인들이 채용 담당자와 연결해주기도 했다. 그는 메타에 다니는 동안에도 그리고 안식년 기간에도 꾸준히 이직 제안을 받아왔다. 그동안은

"지금은 타이밍이 아니"라고 정중히 거절하며, 안식년이 끝나면 다시 연락하자고 말했다. 글로벌 IT 기업에 있는 친구들은 "돌아오고 싶을 때 말만 해"라고 말해줬다. 실제로 그런 말들 덕분에 안식년을 더 마음 편히 즐길 수 있었다. 다시 업계로 복귀하는 건 당연한 수순처럼 느껴졌고, 시간문제일 뿐이라고 생각했다.

마쿠스는 며칠간 이력서를 다듬은 뒤 본격적으로 지원하기 시작했다. 첫 번째 답장이 빠르게 도착했다. "아, 미안. 우리 회사 전체적으로 채용 동결 발표가 났어. 인턴 복귀 제안도 전부 취소됐고."

그리고 메타에 있던 다른 친구도 곧이어 똑같은 말을 했다. 그다음은 스냅Snap, 그리고 구글 취리히 지사에 있는 지인까지 다들 말미에 이렇게 덧붙였다. "아마 잠깐일 거야. 조금만 더 기다려보자."

곧 뉴스를 통해서도 들려오던 소문이 사실로 확인됐다. 실리콘밸리를 중심으로 채용 동결이 번지고 있었고, 그것도 마쿠스가 일하고 싶어 했던 기업들에서 동시에 벌어지고 있었다. 눈앞에서 기회들이 하나씩 사라지자, 마쿠스는 취리히의 중소 기업과 스타트업에도 지원했다. 소매, 금융, 컨설팅, 메신저 스타트업들에서 인터뷰 제안이 들어왔지만, 막상 어느 곳도 그의 마음이 동하지 않았다.

마쿠스는 처음에 별 기대 없이 미국으로 건너갔지만, 메타에서의 시간은 그에게 중요한 가치를 심어줬다. 기술의 최전선에서 복잡한 엔지니어링 문제를 해결하고 대규모 프로젝트에 기여하는 등 즐겁게 일했고 많이 성장했다. 그런 경험은 글로벌 IT 기업 말고는 좀처럼 찾기 어려웠다. 구글의 한 채용 담당자는 그에게 "정말 시급한 일부 포지션만 예외적으로 채용을 진행 중인데, 그건 미국 마운틴뷰 본사에서만 가능하다"고 말했다.

우리는 새로운 갈림길 앞에 서게 됐다. 취리히에서의 새로운 삶을 우선할 것인가, 아니면 마쿠스가 정말로 만족할 수 있는 직장을 우선할 것인가. 그 둘은 서로 양립할 수 없는 것처럼 보였다. 유럽으로의 이사가 무산될지도 모른다는 생각에 잠깐이나마 마음이 가라앉았다. 그해 여름 내내 우리가 함께 고민하며 확신하게 된 꿈이었기에 더욱 아쉬웠다. 하지만 무엇보다 두려웠던 건, 마쿠스가 원치 않는 일을 하게 될지도 모른다는 거였다. '혹시 그가 이 안식년을 후회하게 되지는 않을까?'

매일 뉴스에선 또 다른 IT 기업의 구조조정 소식과 '제2의 닷컴 버블?' '빅테크 시대의 종말?' 같은 헤드라인이 쏟아졌다. 업계 전반에 불안이 퍼지고 있었다. 나는 겉으로는 마쿠스를 안심시키려 했지만, 속으로는 죄책감과 씨름하고 있었다. 물론 마쿠스는 능력 있고 성숙한 성인으로서 스스로 선택한 것이지만, 내 머릿속에는 자꾸 이런 생각이 맴돌았다. '그가 나를 만나지 않았다면, 좋은 직장을 그만둘 일도 없었을 텐데.'

몇 년 전, 우리가 처음 안식년에 대해 이야기했을 때 마쿠스는 원래 내 일정의 일부만 함께할 계획이었다. 그런데 팬데믹으로 일정이 미뤄지면서 그는 1년을 통째로 쉬기로 결심했다. 우리는 같은 날 사직서를 냈고, 샌프란시스코와 뉴욕에서 쌓아온 삶을 내려놓고 미지의 세계로 함께 걸어 들어갔다. 나는 늘 말했었다. "다시 취직하는 건 어렵지 않을 거야. IT 쪽은 늘 인재에 목마르고, 2011년처럼 금방 회복될 테니까." 그런데 지금 세상은 완전히 바뀌었고, 나는 틀렸다.

결국 마쿠스에게 내 마음을 털어놨다. "일이 이렇게 돼서 정말 미안하게 생각해. 내가 당신을 이런 상황으로 끌어들인 것만 같아."

마쿠스는 특유의 독일식 직설 화법으로 대답했다. "아니, 내가 선택한 일이야. 당신이 억지로 나한테 일을 그만두라고 한 게 아니잖아. 내가 그렇게 하기로 한 거야." 이어서 한마디 덧붙였다. "그리고, 올해는 정말 멋진 한 해였어."

나를 위로하려고 한 말이 아니었다. 그냥 솔직한 자기 마음을 표현했을 뿐이다. 그는 이 여정이 자신의 선택임을 분명히 했다. 그 순간 나는 '진짜 원하는 것'에 따라 삶을 결정할 때 생기는 또 하나의 놀라운 결과를 봤다. 우리가 마음 깊이 원하는 것을 기준으로 선택을 해야 그 결과도 온전히 우리의 것이 된다. '부모님이 원해서', '배우자가 원해서', '상사가 시켜서'가 아닌 오롯이 내가 한 선택일 때 핑계도 원망도 없다. 마쿠스는 정말 자신의 마음의 소리에 따른 결정을 한 거였고, 그 이후 어떤 일이 일어나든 그는 결과를 받아들일 준비가 되어 있었다.

사실 내 감정은 아직 그를 충분히 따라가진 못했지만, 나도 이제 그만 마음을 다잡기로 했다. 죄책감보다는, 그가 이 불확실한 상황을 헤쳐 나가는 걸 옆에서 응원하고 함께 돕기로 했다. 이 채용 동결이 몇 달 만에 끝날지, 아니면 더 악화될지 아무도 몰랐다. 하지만 그것 때문에 이 여정을 멈출 수는 없었다.

취리히에서의 시간도 끝나고, 우리는 잠시 떨어지게 되었다. 마쿠스는 독일에 있는 어머니 집으로 가서 면접 준비에 집중했고, 나는 엄마와 함께 몽블랑 트레킹을 떠나기로 했다.

마쿠스는 밤낮으로 코딩 문제를 풀며 취업 준비에 매진했다. 몇몇 문제는 정말 어려웠지만, 그런 과정에서 뜻밖의 기쁨도 찾았다. 결국 그는 다시 코딩을 하고 있었다.

그 시간 동안 나는 그저 그의 소식을 묻고, 조용히 들어주고, 필요한 만큼의 거리를 유지하며 응원했다. 보고 싶긴 했지만, 각자의 마지막 미션에 집중할 수 있는 소중한 시간이었다. 그리고 오랜만에 각자의 어머니와 가깝게 보내는 시간이기도 했다.

우리는 이 여정을 파트너로 시작했다. 불확실하지만 설렘 가득했던 출발, 그리고 이제 또 하나의 미지의 문턱에 다다랐다. 폭풍은 몰아쳤지만 우리는 멈춰 있지 않았다. 각자의 자리에서 함께 앞으로 나아가고 있었다.

Questions & Tips

진정한 선택의 자유:
결과까지 책임지는 태도

최근에 외부의 기대 때문에 한 선택이 있는가?

사실 나도 여전히 그런 선택을 할 때가 있다. 친구의 권유에 못 이겨 한 잔 더 마신다든가, 마음에 들지 않는 프로젝트를 억지로 맡는다든가, 가족 간의 눈치 속에서 내 선택을 미룰 때도 있다. 그런데 그런 선택이 예상대로 풀리지 않았을 때 어떤 감정이 들었는가?

다음에 또 누군가의 기대를 충족시키기 위해 선택해야 할 상황이 온다면, 스스로에게 이렇게 물어보자.

"만약 내가 당신 말대로 했는데 결과가 좋지 않으면, 그 책임도 같이 져줄

건가요? 그 무게를 함께 짊어질 준비가 되어 있나요?"

그리고 반대로, 다른 사람들이 이해하지 못하는 선택을 하게 될 때는 이렇게 선언하자.

"이 선택의 결과가 무엇이든 나는 그것을 온전히 받아들일 준비가 되어 있습니다. 이건 내 인생, 내 책임, 내 선택입니다."

스스로 선택하고 책임질수록, 다른 사람이 내 인생에 개입할 여지도 점점 줄어든다.

6. 착륙 준비

Preparing for Landing

자연에 나를 맡기다

Year-off의 마지막 챕터를 열기 전, 말 그대로 넘어야 할 마지막 산이 하나 있었다.

투르 뒤 몽블랑TMB: Tour du Mont Blanc은 프랑스, 이탈리아, 스위스를 가로지르며 몽블랑 산 둘레를 도는 세계적으로 유명한 트레킹 코스다. 엄마는 수년 전부터 이 길을 함께 걷고 싶어 하셨고, 드디어 안식년 동안 그 바람을 실현하기로 했다. 우리는 이미 네팔에서 두 차례 트레킹을 함께한 적이 있고, 어느새 2년에 한 번꼴로 모녀가 함께하는 전통이 되었다.

이번엔 TMB 전 구간이 아닌 절반만 걷기로 했다. 총 6~7일

정도가 걸리는 일정이었다. 책 출간과 홍보 준비, 그리고 그 후 본격적인 구직 활동을 시작하기 전 마지막 큰 모험이었다. 출판사는 원고 최종 편집을 마무리하고 있었고, 가끔 세부 수정이 필요할 때만 연락을 주고받는 상태였다. 몇 일간 인터넷이 닿지 않을 거라고 미리 양해를 구하고, 나는 잠시 모든 걸 내려놓기로 했다.

우리는 평균 500~1,000미터 고도를 오르며 날마다 10~15킬로미터를 걸었다. 산장이나 작은 마을에서 하룻밤씩 머물며 걷는 일정이었다. 레이오프 사태로 인한 불안과 마쿠스를 위해 할 수 있는 게 아무것도 없다는 무력감 속에서 나는 이 시간을 간절히 기다렸다. 어서 자연 속에 나를 맡기고 싶었다.

길은 단조로웠지만 머릿속은 시끄러웠다. 지나간 일을 곱씹고 오지 않은 미래를 걱정하느라 생각이 많았다. 하지만 점점 시간이 흐를수록 그런 생각들도 고갈되고, 어느새 아무것도 남지 않은 채 비로소 '현재'에 이르게 되었다.

산등성이에서 탁 트인 목초지를 가로지르는 바람을 느끼다 보면 자유란 이런 게 아닐까 싶은 생각이 들었다. 바위 틈새를 뚫고 피어난 아주 작은 꽃을 보면 불가능해보이는 곳에서도 삶은 이어진다는 걸 깨달았다. 어쩌다 소와 눈이 마주치는 순간엔 그 눈빛에 말하지 못한 이야기가 가득 담겨 있는 듯한 이상한 느낌도 들었다.

새벽 5시에 일어나 걷기 시작하면, 어느 순간 일출과 함께 산이 복숭아 빛깔로 물드는 것을 볼 수 있었다. 상쾌한 아침 공기는 그 어떤 커피 한 잔보다도 정신을 맑게 해주었다. 밤이 되어 하늘을 올려다보면 별들은 늘 거기 있었는데, 그동안 내가 보지 못했을 뿐이라는 걸 깨닫기도 한다. 진짜 아름다움은 언제나 그 자리에 있었다.

네팔 트레킹과 달리 이번엔 가이드와 함께하는 그룹 트레킹을 택했다. 덕분에 길 찾기와 숙소 예약 같은 것을 신경 쓰지 않고 걷는 데만 집중할 수 있었다. 처음엔 잘 몰랐던 사람들도 며칠 함께 걷다 보면 어느새 저마다의 삶과 이야기에 스며들곤 했다. 어떤 대화는 내가 앞으로 어떻게 살아야 할지에 대한 인사이트를 주기도 했다.

반복되는 일상의 아름다움

우리 그룹은 열 명 남짓이었고, 나는 주로 가이드 바로 뒤인 맨 앞쪽에서 걷는 걸 좋아했다. 말 없이 경치를 즐길 수 있어서였다. 어느 날은 가이드와 가벼운 대화를 나누게 되었는데, 그의 이름은 모건Morgan이었고 20대 후반의 프랑스인이었다. 겨울엔 스키 강사로 일하고, 여름엔 트레킹 가이드를 하며 일 년 내내 알프스에서 지낸다고 했다.

미국에서는 의료보험 문제 때문에라도 이런 삶이 흔치 않다. 한국은 더 그렇다. 직업의 다양성이 아직 충분하지 않고, "나중에 더 나이 들면 어떻게 하려고?" 식의 질문을 받기 십상이다. 하지만 자연 속에서 하루하루를 살아가는 이들은 어쩌면 우리보다 더 많은 걸 알고 있는지도 모른다. 유럽에선 의료비가 저렴하고, 교육도 무상으로 이뤄지며, 정규직이 아니어도 생활이 가능한 사회 시스템 덕분에 '안정된 일자리'에 대한 압박이 덜하다.

나는 모건에게 같은 길을 여름마다 반복해서 걷는 게 지겹지 않느냐고 물었다. 그러자 그는 "매번 완전히 다른 걸요. 날씨, 꽃, 사람들… 다 달라지니까요"라고 웃으며 답했다.

그는 걷는 내내 말이 많지 않았지만, 그건 지루해서가 아니라 몰입하고 있어서였다. 주변을 눈에 담고, 가끔 뒤를 돌아 우리를 확인할 뿐이었다. 그런 그를 따라가는 입장에서도 기분이 좋았다. 그가 단순히 일이어서 하는 게 아니라, 진정으로 자신의 일을 즐기고 있다는 게 느껴졌기 때문이다. 리더가 즐거우면 따라가는 사람도 즐거워진다. 그가 자신의 만족과 기쁨을 중요하게 생각하는 것만으로도 다른 이들을 이끄는 힘이 생기는 것 같았다. 그것은 무엇보다 강력한 리더십이었다.

그는 이 일을 택했기 때문에 지금의 그가 된 걸까, 아니면 이 일을 하면서 지금의 그가 되어 간 걸까? 자연 속에서 좋아하는 일을 하면서 살아가는 삶은 분명 사람의 깊이를 달라지게 할 것이다. 그리고 어쩌면 매일 반복되는 생활이라 해도, 그 속의 미묘한 차이를 알아차리고, 현재에 머물며, 눈앞의 순간을 깊이 음미하고 감사하게 생각하는 그런 삶에는 내가 모르는 아름다움이 있지 않을까 생각하게 되었다.

거리를 두고 봐야 보이는 것들

트레킹 그룹에서 나보다 어린 사람은 딱 한 명뿐이었다. 대학에 갓 입학한 제임스James라는 학생으로, 부모님과 함께 참여한 친구였다. 나는 이미 그의 어머니와 여러 번 즐겁게 이야기를 나눈 적이 있었는데, 어느 날 함께 걷다 보니 자연스럽게 Z세대가 화제로 떠올랐다.

그녀는 요즘 젊은 세대가 이전 세대보다 훨씬 성숙하고, 환경 문제나 사회 정의 같은 이슈에 더 민감하다고 말했다. 또, SNS의 부정적인 영향에 대해서도 기성 세대보다 훨씬 잘 인지하고 있고 조심스럽게 사용하는 것 같다고 덧붙였다.

비슷한 이야기를 뉴욕타임스 기사에서 읽은 적이 있지만, 자녀를 키우는 부모의 입에서 직접 듣는 건 또 달랐다. 생각해보면 엄청난 양의 정보에 계속 노출되며 자라온 세대니까 당연히 혼란도 크겠지만, 동시에 더 신중한 선택을 하게 되는 게 아닐까 싶었다. 적절한 자원과 기회를 가진다면, 이들이 만들어 갈 변화가 얼마나 흥미로울지 정말 기대되었다.

이후 제임스와 얘기를 나누며 친구들과 연락을 주고받을 때 어떤 앱을 쓰는지 물었다. 그는 잠시 망설이다가 "우리 학교에서 다들 비리얼B-Real을 써요"라고 말했다.

비리얼이라는 이름을 처음 들은 건 메타를 떠나던 주였다. 그 회사에서 디자인 총괄 제안을 받았지만, 타이밍도 맞지 않았고 무엇보다 그때 나는 SNS에 너무 지쳐 있었다. 또 하나의 소셜 앱이라니? 세상에 정말 필요한 게 맞나 싶은 생각이 들었다.

그로부터 몇 달 뒤, 비리얼은 엄청난 속도로 성장하며 뉴스에 오르내리기 시작했다. 사람들이 왜 이렇게들 여기에 반응하는 걸까 제임스에게 물어보니, 인스타그램보다 더 '진짜' 같다는 말이 돌아왔다. 하루에 한 번, 정해진 시간에 그 순간을 그대로 찍어 올리는 방식이라서 여과 없는 일상을 공유할 수 있고, 특히 여름방학처럼 친구들이 흩어져 있을 때 더 가까이 연결된 느낌을 준다고 했다.

그 대화를 나누면서 이상하게 에너지가 솟았다. 인간의 행동을 이해하고, 변화하는 니즈에 맞는 디지털 프로덕트를 설계하는 건 원래 내가 해왔던 일이다. 내가 메타에서 맡았던 첫 프로젝트도 10대의 콘텐츠 공유 행동을 연구하는 일이었다.

제임스와의 대화는 나를 그 시절로 데려갔다. 처음 비리얼 이야기를 들었을 땐 아무런 관심도 없었지만, 지금은 그 매력을 더 풀어보고 싶은 마음이 들었다. 어느 정도 거리를 두고 바라보니 다시 보이는 게 있다는 걸 깨달은 순간이다.

생각해보니 내 커리어에도 그런 순간들이 있었다. 설렘이 절정에 달해 메타에 입사했던 2015년, 그러다 번아웃 상태로 회사를 떠났던 2021년, 그리고 지금 다시 불꽃이 타오르는 것을 느끼고 있는 이 순간이 떠올랐다.

누구에게나
각자의 산이 있다

트레킹의 마지막 날, 엄마와 나는 UTMB^{Ultra-Trail du Mont Blanc} 대회를 마주하게 되었다. 세계에서 가장 험난한 울트라 마라톤 중 하나로, 총 171킬로미터에 달하는 코스로, 누적 고도는 무려 1만 미터가 넘는다. 들어본 적은 있었지만 그 주에 열리는지는 몰랐던 대회다.

샤모니^{Chamonix} 지역을 향해 내려가는 길, 참가자들이 마지막 구간을 달리고 있는 게 보였다. 우리는 호텔에 도착해 샤워를 하고 저녁을 먹으러 나섰고, 몇 백 미터 떨어진 곳에 있는 결승선에 다다랐다. 그곳은 마라토너들을 반기기 위해 모여든 가족과 친구들로 북적였다.

그들의 표정은 정말 말로 설명할 수 없을 만큼 특별했다. 눈물을 흘리는 이들도 있었고, 신나게 춤을 추는 이들도 있었다. 한 여성은 결승선에서 기다리던 갓난아이를 품에 안으며 감격했는데, 임신 중이나 출산 직후에도 훈련을 이어 가지 않았을까 생각했다. 어떤 남성은 조금 더 큰 두 아이와 손을 잡고 마지막 몇미터를 함께 뛰었다.

나는 넋을 놓고 그 광경에 빠져들었다. '제정신이면 누가 이런 경기에 자원해서 나갈까? 지금껏 몇 시간을 훈련했을까? 몇 번이나 포기하고 싶었을까? 지금 이 순간, 그들은 무슨 생각을 하고 있을까?'

그들의 이야기를 알 수는 없었지만, 한 가지는 확실했다. 이 승리는 타인과의 경쟁이 아닌 자기 자신과의 싸움에서 이긴 것이었다. 자신을 한계까지 밀어붙이고, 고통을 견디며 이뤄낸 결과였다. 처음 완주를 경험한 사람이라면, 이제 그의 삶은 결코 예전과 같지 않을 것이다. 자신의 능력을 스스로 증명하고 나면 가능성에 대한 기준이 완전히 달라질 테니까 말이다.

내 안식년을 UTMB에 비교하는 건 어불성설일 수도 있지만, 누구에게나 각자의 산이 있다고 생각한다. 어떤 사람에겐 10킬로도, 5킬로도 산이다. 내게는 안식년 자체가 하나의 커다란 산이었다. 불확실성을 마주하고, 마쿠스와 함께 도전을 감수했던 모든 순간이 그랬다. 그리고 그 안에 또 작은 산들이 있었다. 안정적인 수입을 내려놓는 일, 원고를 완성하는 일, 낯선 사람들 앞에서 내 이야기를 하는 일, 다이빙대에서 뛰어내리는 일, 그리고 IT 업계의 레이오프 사태를 맞닥뜨리는 일….

호텔로 돌아와 창문을 열어 두었다. 누군가 결승선을 통과

할 때마다 종소리가 울렸다. 나는 침대에 누워 그 종소리를 들으며 말 없이 응원을 보냈다. 시간이 늦어질수록 종소리는 점점 줄어들었지만, 밤늦게까지도 계속 울리고 있었다. 늦으면 어떤가. 결국 완주했으니 되었다.

그날 밤 나는 나만의 결승선을 떠올려봤다. '그 결승선은 어떤 모습일까? 마쿠스와 나에게 어떤 의미가 될까?'

그리고 엄마의 산

TMB 하프 트레킹의 결승선 앞에서 엄마는 이번 트레킹이 유독 힘들었다고 털어놓으셨다. 혼자라면 당신 페이스대로 걸었겠지만, 단체로 걷다 보니 남에게 폐를 끼치진 않을까 뒤처지진 않을까 걱정이 많으셨다고 한다. 그제야 나는 엄마가 일행 중 가장 고령에 속했을지 모른다는 데 생각이 미쳤고, 새삼 엄마는 완주를 위해서가 아니라, 남들과 보조를 맞추는 것을 목표로 지난 몇 달간 서울에서 꾸준히 훈련하셨다는 사실이 떠올랐다. 갑자기 가슴이 찡해졌다.

몇 달 전, 햇살 가득한 공원이 바라다보이는 카페 창가에 엄마와 나란히 앉아 이야기를 나누던 날이 떠올랐다. 언제나처럼 영화와 책을 주제로 이런저런 얘기를 나누는데 엄마가 갑자기 말씀하셨다. "요즘 들어 내 인생이 이제야 막 시작된 것 같다는 생각이 들어."

순간 조금 당황했지만 엄마의 설명을 기다렸다. "우리 사회는 인생을 잘 마무리하는 방법, 그러니까 은퇴나 노년을 준비하는 방법에 대해서만 얘기하는 경향이 있어. 우리 나이대에서 새로운 삶을 시작하는 법은 아무도 말해주지 않잖니. 요즘은 백 살까지도 산다는데, 예순에 벌써 인생의 마지막을 얘기할 순 없는데 말이야. 우리도 새로운 시작을 원할 수 있잖아?"

엄마의 그 말이 마음에 오래 남았다. 한국 사회에서는 '희생'이 부모 세대의 미덕이자 굴레였다. 외할머니는 내가 아는 가장 순수한 희생의 표본이었고, 엄마는 그런 사랑 안에서 자랐다. 그래서 엄마 역시 자신을 위한 삶보다는, 누군가를 위해 존재하는 삶을 당연한 것처럼 여기셨다. 한국 여성에게 '아내' '엄마'라는 역할은 곧 정체성이었다. 그러다 아이들이 떠나거나 결혼생활이 끝나면 그 역할도 함께 사라진다. 많은 여성들이 그 시점에서 자기 자신을 잃어버리곤 한다.

외할머니는 2020년에 세상을 떠나셨다. 장례를 치르고 며칠 지나지 않아 엄마는 내게 이렇게 말씀하셨다. "가장 슬픈 건 엄마가 돌아가신 게 아니라, 평생 당신 자신을 위해 살아본 적 없으셨다는 거야." 그리고 덧붙이셨다. "나는 너한텐 그런 슬픔을 느끼게 하고 싶지 않아. 이제 나도 내 인생을 살아보려고 해."

엄마는 정말로 그렇게 하셨다. 몇 년 동안 당신과 비슷한 생각을 가진 60대 여성들의 모임을 찾아보셨고, 마침내 그런 사람들을 찾았다고 좋아하셨다. 엄마가 계속 영감을 받고 성장할 수 있도록 도와주는, 미술과 산을 사랑하는 분들을 찾으셨단다.

사실 우리 엄마는 글을 잘 쓰신다. 어릴 적부터 엄마의 편지를 받아본 가족과 지인들은 언제나 "책을 써보라"고 권할 정도였다. 하지만 엄마는 말씀하셨다. "지금은 글을 쓸 때가 아니야. 그보다 난 충분히 걷고 싶어."

엄마는 최근 친구분들 중 몇몇이 점점 거동이 불편해지는 모습을 보며 '걸을 수 있을 때 걸어야 한다'고 다짐하셨다. 글은 더 나이 들어서도 쓸 수 있으니 지금은 움직일 수 있을 때 최대한 움직이시겠다고 말이다.

그 말씀을 듣는데 새삼 엄마와 나의 시간이 얼마나 다르게 흘렀는지가 실감났다. 엄마가 내 나이였을 때는 이미 두 아이의 엄마였고, 젊었을 때 여행은커녕 생계를 유지하는 것도 버거우셨다. 나중에 형편이 나아졌을 때는 가족이 엄마의 전부였다. 그리고 지금, 마침내 인생의 다음 스텝을 밟을 준비가 되셨는데, 이제는 엄마 또래의 많은 분들이 그저 잘 걷길 바라는 신체 기능마저 조금씩 잃어가고 있었다.

그래서 엄마는 날마다 훈련을 하신다. 거의 매주 험한 산을 오르고, 다른 날엔 3~5킬로미터 조깅으로 몸을 다진다. 유튜브를 보며 근력 운동도 따라 하고, 회복을 위한 스트레칭에도 열심이다. 그리고 그림을 즐기고 공부하기 위해 서울 곳곳을 누비고 계신다.

이제야 비로소 엄마는 당신 인생을 살아가고 계신 듯했다. 나는 내가 할 수 있는 한 오랫동안 엄마와 함께 걸으며 엄마를 응원하고 싶다. 그리고 언젠가 엄마가 준비되었을 때, 엄마의 삶을 글로 쓸 수 있도록 도울 것이다.

삶의 우선순위 반전

TMB를 마친 후에도 며칠 더 그 도시에 머물렀다. 책의 제목, 표지 디자인 콘셉트, 그 외 마지막 디테일들을 확정짓기 위해서였다. 편집자의 피드백을 반영했고, 추천사들을 다시 읽으며, 샤모니에서 기차로 20분 거리에 있는 조용한 산골 마을 아르장티에르Argentière에서 원격으로 일했다.

마을의 고요함은 자연스럽게 내 마음이 가장 평온했던 3월의 양양을 떠올리게 했다. 그때처럼 이번에도 본능적으로 80 대 20의 균형이 자리를 잡았다. 그런데 이번엔 일과 자연의 비율이 거꾸로 20 대 80으로 바뀌었다. 오전에 잠깐 노트북 앞에서 작업을 하고, 오후엔 밖으로 나갔다. 산을 오르거나 숲길을 거닐며 자연 속에서 재충전한 후 다시 책상으로 돌아오는 하루. 모든 흐름이 자연스러웠고, 나에게 가장 잘 맞는 라이프스타일이었다.

회사에 다닐 땐 80%의 시간을 일과 사람을 위해 썼던 것 같다. 회복하거나 에너지를 충전할 시간이 늘 부족했고, 가족이나 친구와 보내는 시간도 마찬가지였다. 여행이나 휴가를 떠나도, 분명 즐거웠음에도 불구하고 정작 돌아오면 더 지쳐 있곤 했다.

이곳 아르장티에르에 머물다 보니 나에게 얼마나 '느림'이 필요했는지 확실히 알 수 있었다. 휴가로 도망쳐야만 겨우 숨 돌릴 수 있는 삶이 아니라, 애초에 일상 자체가 균형을 이루고 있는 그런 라이프스타일을 처음으로 구체적으로 상상해보았다. 자연 가까이에서 살고, 완전한 원격 근무가 가능하며, 언제든 걷고 사유할 수 있는 여유가 있는 삶을 말이다. 그런데 아이러니하게도 이런 유연성을 제공하는 유일한 분야가 바로 내가 막 떠나왔던 IT 업계란 생각이 들었다.

책 출간 작업을 마무리할 즈음 이런 생각이 머릿속에 자리 잡았다. 'IT 업계로 돌아가되, 내가 원하는 방식으로 일하는 삶', 이것이 나의 다음 챕터가 될 수 있겠다는 예감이 들었다.

Questions & Tips

몸이 건강해야
생각이 명료해진다

몸을 규칙적으로 꾸준히 움직일 수 있는 간단하고 접근성 좋은 루틴 하나쯤은 꼭 필요하다. 그래야 마음이 가볍고 생각이 명료해진다. 나에게 그것은 요가, 그리고 러닝과 하이킹이다. 심장을 뛰게 하고, 혈액을 순환시키며, 심호흡을 하고, 땀을 흘릴 때 비로소 정신이 맑아지고 생각이 또렷해진다.

예전엔 요가 스튜디오나 헬스장에 다녔지만, 코로나 이후 집에서 하는 루틴으로 완전히 전환했다. 요즘은 펠로톤Peloton 앱으로 거의 매일 아침 10분에서 30분 정도 요가를 하고, 그밖에 러닝과 홈트레이닝을 병행한다. 물론 산을 오르는 일이 내겐 가장 큰 기쁨과 영감을 주지만, 항상 산에 갈 수 있는 건 아니니까 집에서 할 수 있는 요가와 러닝은 내게 꼭 필요한 루틴이다.

잘 조율된 악기처럼, 몸이 잘 움직일 때 생각도 감정도 의사 결정도 모든 것이 원활하게 흘러간다.

당신은 어떤 방법으로 당신의 몸을 조율하고 있는가?

(아직 없다면, 적당히 천천히 달리는 조깅을 추천하고 싶다.)

책 출간 후
찾아온 순간들

다시 서울로 돌아온 9월 첫째 주, 마침내 책이 인쇄 작업에 들어갔다. 최종 파일을 확인하고 승인하는 이메일을 보내자마자 이 특별한 순간을 기념하기 위해 관악산에 올랐다. 그리고 등산하는 내내 이번 목표가 첫 책을 완성하는 것 그 이상도 이하도 아니었음을 되뇌었다.

정상에 도착해서는 서울의 스카이라인을 바라보며 김밥천국에서 사온 가장 좋아하는 김밥을 꺼내 먹었다. 몇 시간 동안 휴대폰도 보지 않았다. 처음엔 불가능하게만 느껴졌던 이 이정표를 자축하며 온전히 지금 순간에 몰입하고 싶었기 때문이다.

며칠 뒤 집에 작은 택배 박스 하나가 도착했다. 무겁고 단단한 상자 안에는 저자 증정본으로 온 25권의 책이 담겨 있었다. 그때 나는 서울의 부모님 댁에 머무르고 있었고, 마쿠스는 독일에서 면접을 보고 있었다. 책을 받았을 때 집에는 나 혼자였고, 이 순간을 조용히 만끽했다. 내 인생 첫 책이 실물로 정말 내 손에 들려 있었다. 이 안에는 나의 생각과 경험, 그리고 직접 그린 그림들이 고스란히 담겨 있었다.

표지를 가만히 바라보다가 문득 깨달았다. 나는 이제 작가라는 새로운 정체성의 문턱에 들어선 것이다. 그리고 그 옆에 적힌 이름은 내가 신중하게 선택한 이름 '크리스 채^{Chris Chae}'였다. 나는 태어날 때부터 두 개의 이름을 갖고 살았다. 한국 여권에는 채서영, 미국 여권에는 Christiana^{크리스티아나}, 각기 다른 세계를 상징하는 이름이었다.

두 개의 이름은 늘 평행선처럼 나란히 따로 존재했다. 말투도, 옷차림도, 자세도, 불리는 이름에 따라 미묘하게 달라졌다. 본질은 같았지만, 마치 두 가지 버전의 현실을 동시에 살아가는 느낌이랄까. 서영과 크리스티아나 각각의 메타버스를 오가는 것처럼 느껴지곤 했다.

그런데 이번 안식년을 보내면서 그 둘이 조금씩 겹쳐지기 시작했다. 마쿠스는 내가 자란 세계로 들어왔고, 부모님은 성인이 된 나의 모습을 처음으로 가까이에서 보게 되었다. 한국에서 함께 살며 마쿠스가 문화를 더 깊이 이해하게 되자, 나는 더 이

6. 착륙 준비

상 어릴 적 좋아했던 음식이나 한국인의 생각과 행동의 이유를 일일이 호스트처럼 설명할 필요가 없어졌다. 새롭게 발견한 편안함이었다.

그 해에 나는 새로운 사람들을 만날 때마다 '크리스'라고 소개했다. 더 이상 상황에 따라 이름을 바꾸지 않아도 됐다. 나는 그냥 크리스였다. 그리고 책에 표기할 저자명에도 '크리스'라고 적었다. 비록 영어 이름이지만 한글로 써놔도 누구나 쉽게 읽을 수 있는 이름이었다.

이건 단지 호칭 하나를 고른 문제가 아니었다. 두 개의 정체성이 조용히 하나로 합쳐진 순간이었고, 이제 새롭고 더 온전한 나의 삶이 막 시작되는 순간이었다.

뜻밖의 도움과 친절

Year-off 동안 만났던 사람들이 책 출간 소식을 듣고 하나둘 연락해오기 시작했다. 경험이 없어 어떻게 책을 홍보할지 몰라 하는 나를 위해 각자 자기가 할 수 있는 방식으로 도움을 주겠다고 나섰다. 최근 샌프란시스코에서 한국으로 이주한 프로덕트 매니저 댄Dan은 한국 IT 커뮤니티에서 알고 지내는 유튜브 채널 두 곳을 소개해줬다. 영상을 통해 내 얼굴과 목소리가 인터넷에 영원히 남는 게 부담스럽긴 했지만, 이 기회를 놓치지 않기로 했다. 유튜브 채널에서 인터뷰할 일이 또 있겠나 싶어 출연한 영상은 빠른 시간 안에 수십만 뷰를 기록했다(이 영상은 이후 여러 기회와 인연을 만들어내는 씨앗이 되었다).

그런가 하면, 여름에 기고한 적 있는 독립 매거진 <포포포>에서 연락이 왔다. 매거진의 편집장은 포항에 살고 있었다. 내가 미국에서 태어나 다섯 살 때 한국으로 돌아온 뒤 우리 가족이 처음 정착한 도시가 바로 포항이라 나에겐 남다른 곳이었다. 편집장은 자신의 인맥을 활용해 포항에서 북토크 기회를 만들어보겠다고 제안했고, 자그마한 책방과 포항공대에서 강연을 열 수 있었다.

강연이 끝난 후 편집장은 내가 다니던 초등학교와 처음 살던 집까지 나를 데려다 주었다. 우리는 그날의 마무리를 어릴 적 특별한 날에만 갈 수 있었던 한 중식당에서 기념했다. 그리고 옛날 우리 가족이 늘 시켜 먹던 짜장면과 탕수육을 그대로 주문했다. 화려하진 않았지만, 축하의 순간을 기념하는 우리 가족만의 방식이었다. 그리고 이제 성인이 되어 의미 있는 커리어를 쌓고 내 이름으로 된 책까지 출간하여 이 자리에 다시 앉아 있다는 것이 믿기지 않았다.

저녁에는 편집장의 친구도 함께했다. 대구에서 북카페를 운영하고 있는 분이었다. 그녀는 나를 자신의 책방에 초청하고 싶다며, 본인의 인맥을 활용해 또 다른 대학 강연도 추진해보겠다고 했다. 그렇게 작은 이벤트마다 새로운 연결이 이어졌다.

물론 모든 강연이 순탄했던 것은 아니다. 강연 후 참석자들이 서로 명함을 주고받을 때였다. 실리콘밸리에서는 이미 명함이 사라진 지 오래라 내겐 익숙하지 않은 풍경이었다. 사람들의 요청에 명함이 없다고 정중하게 설명하자 한 남성이 웃으면서 들으라는 듯 큰 소리로 말했다. "그럼 안식년이 아니라 그냥 백수 아닌가." 은근한 무시가 담겨 있는 말투에 순간 너무 화가 났다. 입 밖으로 소리 낸 사람이 그 혼자였을 뿐, 아마 실제로 그렇게 생각하는 사람은 더 많았을 거다. 하지만 이것이 내가 안식년을 통해 얻은 것들의 '대가'라면 받아들이기로 했다. 그는 지금 새로운 세대에서 '일'의 의미가 어떻게 진화하고 있는지 알지 못하는 것 같았고, 그런 사람을 리더로 둔 팀원들이 안타까웠다.

책 홍보는 단순히 출판사를 돕는 일이 아니었다. 내가 무엇을 배우고 얼마나 성장했는지를 확인하는 여정이기도 했다. 이 모든 과정은 나를 한국의 문화에 더 가깝게 만들어주었고 내 정체성의 일부를 깨우는 것도 같았다. 그 당시에는 이런 정체성을 이해하는 게 참 재미있었다. 그때 나는 집이 없었고, 직함도 없었다. 옷장도 없었다. 모든 강연이나 미팅을 단 두 벌의 옷을 번갈아 입으며 다녔다. 그 1년 동안 절약하기 위해 쇼핑을 하지 않았고, 강연 준비로 바쁘다 보니 쇼핑할 시간도 없었다. 그리고 수년 동안 거의 쓰지 않았던 한국어로 강연을 했다. 이 모든 게 낯설었지만, 묘하게 나와 '잘 맞는' 그런 느낌이었다.

Questions & Tips

회복탄력성 있는 사람을 찾고, 그들의 성장 여정을 지켜보라

<포포포> 매거진으로부터 처음 원고를 의뢰 받았을 때, 편집장은 창간 7호를 준비하고 있었다. 그녀는 언젠가 나를 프랑크푸르트 국제도서전의 '포포포' 부스로 초대해 낭독회를 열고 싶다고 했다. 다가올 창간 10호를 기념해 해외 시장에도 이름을 알릴 거라고 했다.

편집장은 지난 몇 년간 겪었던 어려움과 이 사업을 계속할 수 있을지 고민했던 순간들을 들려주었다. 독립 잡지를 만드는 건 쉽지 않은 일이었고, 그녀는 정말 수많은 고비들을 넘겨왔다. 그럼에도 계속해서 <포포포>를 세계 시장에 알리기 위해 한 발씩 나아가고 있었다. 그리고 시간이 지나 우리는 결국 국제도서전에 함께 갈 수 있었다.

앞서 자신만의 멘토를 찾아보라고 권했는데, 혹시 어떤 사람을 멘토로 삼아야 할지 고민된다면 나는 이 하나의 자질을 꼭 강조하고 싶다. 바로 '회복력resilience'이다.

오랜 시간 꾸준히 성장하고 변화를 이어 가는 사람들은, 회복력이 얼마나 중요한 요소인지를 몸소 보여주는 존재다. 그런 사람들을 지켜보는 것만으로도 엄청난 자극과 영감을 받을 수 있다. 앞서 3장에서 적었던 '멘토 리스트'로 돌아가보자. 그들은 뛰어난 회복력을 지닌 사람들인가? 당신 주변의 회복력이 뛰어난 사람들은 누구인가?

묻고 답하는 과정에서
더욱 명확해진 비전

책 홍보 경험은 내게 아주 강력한 성장의 기폭제가 되었다. 단지 강연 자체보다도, 그 뒤에 이어진 대화들이 그랬다. "일할 때 우선순위는 어떻게 정하세요?" "번아웃은 어떻게 극복하셨어요?" "지금 하고 있는 일이 천직인지 아닌지 어떻게 알 수 있을까요?" 이런 질문들은 단순히 커리어에 대한 질문이 아니라, 결국 우리가 어떻게 살 것인가를 묻고 있었다.

    시간이 지나면서 나는 이 질문들이 예상치 못한 역할을 하고 있다는 걸 깨달았다. 질문에 답하는 과정에서 내 생각을 명확하게 정리할 수 있게 된 것이다. 좋은 심리 상담이 그렇듯, 좋은 질문 하나가 깊은 성찰을 이끌어냈다. 첫 번째 유튜브 인터뷰 때는 준비를 너무 많이 한 나머지 예상 질문과 답을 미리 작성해뒀다 예상치 못한 흐름에 당황하기도 했다. 하지만 경험이 쌓일수록 오히려 즉흥적인 인터뷰를 즐기게 되었고, 사전 조율 없는 모든 질문들에 호기심을 갖고 마치 내 안에 새로운 목소리를 발견하듯 말하게 되었다.

    내가 긴장을 풀수록 이야기는 더 진솔해졌고, 결과도 더 좋아졌다. 내 책은 일 잘하는 방법과 조직 문화에 초점을 맞췄지만, 독자의 질문은 종종 훨씬 더 깊은 주제로 이어졌다. 자기 관리, 가치관, 인생의 선택 같은 것들 말이다. 그리고 빠지지 않고 등장한 질문이 하나 있었다. "그래서 다음 계획은 무엇인가요?"

솔직히 처음에는 명확한 답이 없었다. 나의 가치관이나 삶에서 중요하게 생각하는 것들에 대해서는 성심성의껏 이야기했지만, 가까운 미래의 구체적인 계획은 아직 없었다. 그런데 시간이 흐르면서 내 답변도 점점 형태를 갖추기 시작했다. 마지막 인터뷰에서는 생각도 하기 전에 말이 먼저 나왔는데, 마치 오래전부터 내 안에 자리하고 있던 생각인 것처럼 아주 또렷하고 확신에 찬 말이 나왔다.

"장기적으로는 디자인 분야의 교수로 일할 수 있다면 참 행복할 것 같아요. 이번 Year-off를 보내면서 알게 된 건데요. 디자인이나 엔지니어링 같은 분야의 경우 학계가 단순히 연구 중심이 아니라, 기업 현장이나 실무, 창업 등과 밀접하게 관련되어 있더라고요. 가르치는 것과 만들어내는 것을 모두 좋아하는 저 같은 사람에게는 딱 좋은 하이브리드형 환경이죠. 멘토 몇몇 분은 제게 기업에서 실무 경험을 좀 더 쌓고 학계로 가면 좋을 거라고 조언해주셨어요. 그래서 제 다음 직장이 기업 현장에서 일할 마지막 기회라고 가정한다면, 저는 이번엔 스타트업에서 디자인 총괄 역할을 한번 경험해보고 싶어요. 프로덕트뿐 아니라 회사 전체의 디자인 문화와 방향성을 만드는 일을 해보고 싶거든요. 그동안 경험해왔던 컨설팅 펌이나 대기업 환경과 달리 이런 역할은 제 역량이나 기질과도 가장 잘 맞는 도전일 것 같아요. 특히 올해 만난 훌륭한 한국 스타트업들 덕분에 이런 생각이 더 확실해졌어요. 이제 막 글로벌 진출을 앞둔 스타트업과 함께, 다문화적 배경을 지닌 디자이너로서 제 경험과 강점을 살려 그들의 성장을 도울 수 있다면 너무 멋질 것 같아요."

그 순간, 지난 1년간 흩어져 있던 생각들이 하나의 비전으로 구체화되는 걸 느낄 수 있었다. 몇 달에 걸쳐 나는 무엇이 나를 신나게 하고, 무엇이 나를 지치게 하는지, 그리고 일과 삶을 어떤 방식으로 꾸려 가고 싶은지를 스스로 꾸준히 관찰해왔다. 덕분에 내가 생각하는 만족스러운 삶과 성취의 모습이 점점 더 명확해졌다.

잠시 멈춰선 덕분에, 내가 디자인을 사랑하는 마음이 사라진 게 아니라, 그저 반복과 번아웃 속에 묻혀 있었음을 알게 되었다. 책을 쓰고, 여러 리더들과 대화하고, '동종업계 사람들과의 티타임' 프로젝트를 진행하는 과정에서 내가 이 일을 얼마나 사랑했는지 다시 깨달았다.

나는 아직 디자인을 떠나고 싶지 않다. 다만, 이제는 디자인을 내 삶에 어떤 방식으로 담을지 재설계가 필요했다.

참 신기한 게, (우리가 싫어하는 불확실성과 반대되는) 명확함은 가만히 앉아 있는데 저절로 찾아오는 게 아니었다. 직접 움직이고, 때로는 일정한 거리를 두고, 또 예상치 못한 만남과 대화 속에서 자연스럽게 찾아왔다. 통제하려는 마음을 잠시 내려놓을 때 비로소 답이 나를 찾아왔다.

7. 착륙

Landing

만약에 뮌헨에 정착한다면 어떨까?

책 홍보 일정의 중반쯤 드디어 마쿠스에게 새로운 직장의 가능성이 열렸다. 한국에 있는 남동생과 정기적으로 통화하던 어느 날이었다. 당시 우리 부부의 상황을 들려주니 동생이 물었다. "뮌헨은 어때?" 내 멘토인 아틸라와 마쿠스의 어머니에 이어 누군가가 뮌헨 이야기를 꺼낸 건 이번이 세 번째였다. 동생은 이어서 말했다. "내가 아는 애플 매니저 한 분이 최근에 뮌헨으로 옮겼어. 원래 뮌헨 출신인데, 얼마 전에 링크드인에 소식을 올렸더라고. 형부더러 한번 연락해보라고 하지 그래?"

마쿠스는 처음으로 용기를 내어 그 매니저에게 메시지를

보냈다. 간단한 자기소개와 이력서를 함께 첨부하고, 사람을 뽑을 계획이 없는지 조심스럽게 물었다. 나는 이게 마쿠스 성격에 얼마나 용기를 낸 건지 잘 알기에 그의 성장이 조금 대견했다.

놀랍게도 답장은 금세 도착했다. 매니저는 자신이 뮌헨으로 이동한 이후, 소규모 팀이 AR 관련 제품을 개발하고 있다고 했다. 그리고 팀의 시니어 엔지니어 한 명이 곧 미국으로 옮기게 되어 자리가 하나 생길 예정이라는 말도 덧붙였다. 그는 더 자세한 설명 대신, 이번 여름휴가가 끝나고 나서 통화하자고 하면서 메시지를 마무리했다. 정식 공고도 확실한 말도 없었기에 우리는 큰 기대는 하지 않았다. 하지만 갑자기 두 개의 새로운 가능성이 우리 앞에 열린 건 사실이었다. 애플 그리고 뮌헨.

사실 글로벌 IT 기업의 취업을 목표로 하면서도 우리가 고려하지 않은 기업이 바로 애플이었다. 다른 빅테크들과 달리 애플은 코로나 이후에도 재택근무를 거의 허용하지 않았고, 그때만 해도 우리는 취리히를 다음 거주지의 1순위 후보로 생각하고 있었기 때문이다. 그런데 채용 동결의 장기화 국면에선 모든 가능성을 다 열어놓아야 했다. 게다가 뮌헨에 있는 애플 지사라니, 일단 유럽이라는 점이 무시할 수 없는 매력이었다.

우리는 평소 독일어권 도시에서 살아보면 좋겠다는 대화를 나누곤 했다. 하지만 정작 독일 자체를 진지하게 고려한 적은 없었다. 이유는 단순했다. 독일 대부분이 평지였기 때문이다(가까운 곳에 산이 없다는 얘기다). 뮌헨에서 차로 90분 거리에 살았던 마쿠스조차 이 도시를 잘 알지 못했다.

하지만 본격적으로 검색해보니 우리가 가지고 있던 선입견이 틀렸다는 걸 알게 되었다. 뮌헨은 알프스까지 차로 단 한 시간 거리였고, 강력한 IT 산업 기반 도시였으며, 뚜렷한 사계절과 더불어 전 세계 주요 도시로 직항이 있는 국제항공까지 갖춘 도시였다. 서울 직항도 예외는 아니었다.

약 한 달간의 면접 과정을 거쳐 마쿠스는 애플로부터 최종 오퍼를 받았다. 거의 동시에 구글과 스포티파이로부터도 의미 있는 제안이 들어왔지만 모두 거절했다. 이유는 단순했다. 우리의 다음 챕터를 성공적으로 시작하기 위해 두 사람 모두에게 의미 있는 선택이어야 했고, 우리는 이미 미국이 아닌 유럽에서 살아보기로 결정했기 때문이다.

그 날 우리는 단순히 일자리를 얻은 것이 아니라, 그 안에 담긴 의미를 축하했다. 뉴욕을 떠날 때 우리에겐 오직 하나의 '비전'만 있었다. 그리고 이제, 그 비전에 맞는 새로운 삶이 눈앞에 펼쳐지고 있었다. 마쿠스는 새 직장을 찾았고, 그와 함께 새로운 거주지도 미래도 구체적인 형태를 갖추기 시작했다.

그리고 나 역시 준비가 되었다. 책은 완성되었고, 두 번째 Year-off는 끝을 향해 가고 있었다. 이제 다음 챕터로 나아갈 차례였다.

Questions & Tips

나누고, 도와주고, 지원하기

종종 내 안에 떠오르는 두려움이 하나 있었다. '다시 일할 준비가 되었을 때, 막상 일자리가 없으면 어떡하지?'
하지만 타이밍이 완벽한 순간은 거의 없다. 우리는 미래를 통제할 수 없고, 도전과 장애물은 거의 언제나 있기 마련이다. 그러니 지금 아니면 또 언제 용기를 내겠는가. 미래는 불확실하지만, 오늘 우리가 내리는 선택은 언제나 통제할 수 있으며, 그러한 선택은 큰 도약으로 이어질 수 있다는 것을 이제는 안다.

+ 완벽한 타이밍은 없다. 기회가 무르익기를 기다리기보다, 지금 당장 할 수 있는 행동을 시작해보자. 목표를 향한 작은 실천, 주변과의 교감, 그리고 다정한 말 한마디가 당신의 미래를 만들 것이다.

극심한 채용 한파 속에서 다시 취업 시장에 뛰어들었을 때 나는 사람들이 어려운 시기일수록 서로 돕고자 하는 마음이 커진다는 걸 새삼 느낄 수 있었다. 그리고 그 도움은 예상치 못했던 방식으로 우릴 이끌어주곤 한다.

어려운 순간에 가장 큰 자산은 역시 '사람'과 '관계'였다.

+ 관계를 쌓는 가장 좋은 방법은 '베풂'이다. 도움이 될 만한 정보를 나누고, 사람과 기회를 연결하고, 주변을 진심으로 챙겨보자. 관계는 호혜성을 기반으로 자란다. 오늘 쌓은 선의는 언젠가 당신이 가장 필요할 때 돌아올 것이다.

시대의 변곡점에서
새로운 커리어를 탐색하다

IT 업계 전반을 휩쓴 대규모 해고 외에도, 2022년을 정의한 또 하나의 결정적 사건이 있었다. 바로 챗GPT 3.5의 출시다. 전문가를 넘어 대중이 체험하고 변화를 실감할 수 있었던 이 혁신은 AI의 흐름을 바꿨을 뿐만 아니라, 나의 다음 커리어에 대한 생각에도 큰 영향을 끼쳤다.

메타의 AI 팀에서 일할 당시 가장 많이 들었던 말 중 하나는 "AI 모델들의 잠재력은 대단한데, 아직 실제로 쓸 수 있을 만큼 똑똑하진 않다"는 거였다. 여기서 중요한 단어는 '아직'이었는데, 이는 시간 문제일 뿐이라는 뜻이었다. 당시 팀 내에서도 AGI(범

용인공지능)가 우리 생애에 실현될지 여부에 대해 의견이 갈렸다. 일부는 가능성을 낮게 봤고, 또 다른 일부는 언젠가 오긴 할 거라고 보았지만 아직은 먼 이야기라 여겼다.

하지만 2022년 변곡점이 찾아왔다. 생성형 AI가 급격히 도약한 것이다. 그 해만도 대중이 직접 사용해볼 수 있는 뛰어난 모델들이 생겨났고, 다양한 산업군에서 앞다투어 AI 도입을 시도했다. 그 속도는 지금껏 본 적 없는 수준이었다.

오픈AI는 수요를 인식하고 곧바로 API를 공개했고, 덕분에 수많은 기업이 챗GPT의 기능을 자사 제품에 탑재할 수 있게 되었다. 하지만 오픈AI는 어떤 면에서는 '너무 성공적'이었다. 사용자 폭주로 인해 플랫폼은 몇 차례 다운되었고, 결국 일시적인 서비스 중단 조치를 취해야 했다. 유료 구독 모델을 도입한 이후에도 수요는 줄지 않았다. 오픈AI의 CEO 샘 올트먼은 "사람들이 우리 제품을 너무 좋아해서 (비용이 수익을 앞지르는 바람에) 손해를 보고 있다"고 말할 정도였다.

오픈AI뿐만 아니라 다른 기업들 역시 AI 통합 경쟁에 뛰어들었고, 이에 따라 엔비디아NVIDIA의 주가는 급등했다. 최신 반도체는 출시되자마자 품절됐고, AI 도입의 핵심 병목 지점은 의외로 '하드웨어'가 되있다.

상황은 분명했다. 생성형 AI는 앞으로도 계속 성장할 것이고, 소비자와 기업이 이를 채택하는 한 소프트웨어부터 하드웨어까지 AI 기술의 모든 계층에 대한 수요는 폭발적으로 증가할 것이다. 시장은 이미 변화할 준비가 되어 있었고, 새로운 플레이어들이 속속 등장하고 있었다. 특히 이 거대한 모델들을 돌릴 수 있는 칩 제조업체의 등장은 필연이었다.

문득 그 신흥 업체들 중 한 곳, 즉 오픈AI가 겪고 있는 문제를 해결하고 있는 한 기업을 예전에 만난 적 있다는 사실이 떠올랐다. 그 회사의 이름은 퓨리오사AI^{FuriosaAI}였다.

만약에 AI 스타트업의 여정에 함께하면 어떨까?

초판본 책을 받자마자 감사한 분들을 떠올리며 책을 선물할 리스트를 작성했다. 가장 먼저 추천사를 써준 분들과 이 책을 쓰는 데 영감을 준 IT 업계의 분들께 손글씨로 감사 인사를 적었다. 대부분은 따뜻한 답장을 보내주었고, 어떤 분들은 만나서 더 많은 이야기를 나누자고 연락을 주셨다.

하지만 퓨리오사AI의 CEO 준^{June}에게서는 아무런 소식이 없었다. 처음엔 좀 무례한 게 아닌가 생각했는데, 몇 주 후 그의 이메일이 도착했다. 알고 보니 그는 이미 며칠 전 아내와 함께 동네 서점에서 내 책을 샀다고 했다. 자신이 직접 책을 구입했을 땐 내가 저자라는 걸 전혀 모르고 산 것인데, 나의 이메일을 보고 나서야 '크리스'라는 저자 이름이 예전에 만났던 '크리스티아나'와 동일 인물이라는 걸 깨달았다고 했다. 그는 책 선물에 대한 고마움을 표하고, 곧장 회사 근처에서 차 한 잔 하자며 초대했다.

우리는 내가 한국에 머무는 마지막 주에 만났다. 오후 4시를 넘어가는 시간, 나는 늦은 시간에 카페인을 마시는 것이 걱정되어 커피 대신 맥주를 선택했다. 준도 따라서 맥주를 주문했다. 그는 특유의 느긋한 에너지를 풍겼다. 어깨를 살짝 넘기는 길이의 자연스러운 웨이브 머리는 마치 록 뮤지션이나 서퍼 같은 인상을 주었고, 적어도 외모에 크게 신경 쓰지 않는 사람처럼 보였다. 그러나 그의 태도엔 억지로 포장하려 들지 않는 묘한 자신감과 진정성이 느껴졌다.

우리는 떠들썩했던 챗GPT의 등장에 대해, 그리고 나의 안식년 에피소드와 내가 메타에서 AI와 관련해 했던 일들을 얘기 나누었다. 그때 그가 자신의 백팩에서 꺼낸 건 데이터 센터에서 AI 모델을 구동하는 1세대 AI 가속기 카드였다.

그전까지는 AI 칩이라는 걸 실제로 본 적도 없었다. 나는 디지털 프로덕트 디자이너였고, 늘 사용자경험이라는 '앞단'을 설계하는 것이 내 일이었다. 그런데 이건 완전히 다른 세계였다. 무대 뒤편의 복잡한 기계 장치를 처음 본 관객처럼, 기술의 기반이 되는 실체를 직접 마주하니 한편으로는 겸손해졌고, 또 한편으론 매우 신기했다.

준은 설명을 이어 갔다. 이 첫 번째 제품은 컴퓨터 비전 모델을 위한 것이고, 현재 개발 중인 2세대 칩은 챗GPT 같은 대규모 생성형 AI 모델에 맞춰 설계되고 있다고 했다. 그의 목표는 AI 하드웨어 시장을 뒤흔들고, AI의 대중화를 가속화하는 것이었다. 그 과정에 글로벌 론칭 준비를 함께할 디자인 리더가 필요하다며, 나에게 합류할 생각이 있는지 조심스럽게 물었다.

나는 솔직히 흥미롭긴 하지만, AI 하드웨어 산업에 대해선 아는 게 많지 않다고 고백했다. 그러자 그가 고개를 저으며 말했다. "괜찮아요. 사실 아는 사람이 거의 없어요. 저는 빠르게 배울 수 있는 사람이 필요해요."

그건 내가 할 수 있는 일이었다. 나는 늘 빠르게 배우고, 적응하고, 글로벌 스케일에서 디자인을 하며 커리어를 쌓아왔다. 한국어와 영어를 모두 구사했고, 다양한 분야의 팀을 이끈 경험이 있으며, AI와 소비자 기술이 만나는 지점에서 일해본 적도 있었다. 이제 생성형 AI가 본격적으로 부상하는 이 시점에서, 이 변화의 가장 바닥부터 함께하는 기회를 잡을 수 있는 흔치 않은 순간이라는 생각이 들었다.

대화를 이어 갈수록 어떤 가능성에 대한 묘한 끌림을 느꼈다. 하지만 반드시 짚어 넘어가야 할 큰 이슈가 있었다.

"말씀드려야 할 게 있는데요, 사실 저는 미국으로 돌아갈 계획이 없어요. 이제 곧 뮌헨으로 이사해요."

준은 잠시 멈칫했다. 놀라거나 실망한 표정이 아니라 그냥 조용히 생각에 잠긴 듯했다. "생각해볼게요." 그가 말했다. "그리고 다시 연락드릴게요."

나는 그 말이 끝일 수 있다는 걸 알고 있었다. 지금까지 많은 회사들이 내가 뮌헨에 살 거라는 말만 해도 대화를 접었다. 글로벌 진출을 꾀하는 한국 기업이든, 실리콘밸리 대기업이든, 유망 스타트업이든, 뮌헨은 그들의 지도엔 없었다. 가끔 정말 매력적인 제안을 받을 때면 마쿠스와 장거리 결혼 생활을 고려하기도 했다. 하지만 우리가 함께 계획하고 함께 다져온 새로운 챕터의 삶을 위해 나는 한 번 더 노력해보고 싶었다.

카페를 나오면서 준은 정중하게 고개 숙여 인사했다. 록스타 같은 분위기의 이 CEO가 한국식 예절로 인사하는 모습은 묘하게 정겹고 인상적이었다. 하지만 그와의 만남이 이게 마지막일지 모르겠다고 생각했다.

현실적으로는 독일 안에서의 직장을 더 검색해보고 다른 가능성들을 열어 두기로 마음먹었다. 하지만 그날의 대화가 자꾸 다시 떠올랐다. 아마도 컴퓨터 칩을 직접 본 감동 때문일 수도 있고, 한국의 작은 스타트업이 AI 산업이 절실히 필요로 하는 지속 가능한 솔루션을 제공하는 데 대한 감동 때문일 수도 있다. 아니면 지금껏 내가 보아온 빅테크 리더들과 달랐던 준이라는 인물 그 자체 때문이었는지도 모른다. 그는 끝없는 야망과 조용한 겸손이 드물게 조화를 이룬 타입으로 보였다. 이유가 뭐든 나는 골리앗을 물리치는 다윗의 여정을 옆에서 지켜볼 수 있다면 어떨까 잠시 생각했다.

집으로 돌아오는 길, 버스 맨 앞자리에 앉아 창밖을 바라봤다. 남산 언덕 위에 있는 임시 숙소로 향하는 버스는 너른 한강을 건너고, 노랗게 물든 은행나무 길을 지나 천천히 올라갔다. 나뭇잎들이 황금빛 저녁 햇살을 받아 반짝반짝 빛나고 있었다.

내려서 집까지 걷는 길은 골목과 언덕을 따라 이어졌다. 작은 한옥 주택들과 서울의 고층 빌딩이 언덕 아래로 펼쳐졌고, 곳곳에 하나둘 불이 켜지기 시작하면서 도시 전체가 반짝였다.

뮌헨에 오피스를 둔 직장은 없을까?

날이 점점 추워지고 해가 짧아지기 시작했다. 시간이 얼마 남지 않았다는 익숙한 감각이 다시 찾아왔다. 나는 서울에서 남은 시간을 최대한 잘 써야 한다는 생각으로, 그리고 Year-off 이후 펼쳐질 삶은 내가 원하던 삶에 한 걸음 더 가까워져 있기를 바라는 마음으로, 열려 있는 모든 가능성을 찾아 뛰어다녔다. 그 과정에서 무엇보다 중요한 건 내 온몸이 어떻게 반응하는지를 지켜보는 것이었고, 특히 감정 데이터에 집중했다. 기회가 찾아왔을 때 내 몸과 심장이 어떻게 반응하는지를 살폈다. 설렘이 느껴지면 그 이유를 분석했고, 나의 원칙과 연결되는지를 확인했다.

그렇게 뮌헨에 오피스를 두고, 글로벌 시장을 상대하는 회사이면서, 유연한 근무 환경을 제공하는 곳을 찾던 어느 날, 링크드인에서 한 채용 공고를 발견했다. 셀로니스Celonis라는 시리즈 D 단계의 SaaS 스타트업에서 디자인 디렉터를 모집 중이었다. 이미 글로벌 고객 기반을 갖춘 회사였고, 자사의 독자적인 데이터 마이닝 기술로 기업의 운영 프로세스를 투명하게 분석하고 효율을 극대화해 고객 경험과 수익성을 개선하는 B2B 소프트웨어 기업이었다.

메타의 AI 팀에서 짧지만 인상 깊게 진행했던 서비스 디자인 프로젝트가 떠올랐다. 그 프로젝트의 목표는 AI 제품 개발 과정 중 어느 단계에서 편향된 결과가 발생하기 쉬운지를 식별하는 것이었다. 셀로니스의 제품 역시 유사한 성격을 가지고 있었는데, 그것을 완전히 디지털화하고 자동화한 형태였다. '이 기술이 AI 개발 프로세스에 적용되어 인류에게 해를 끼칠 수 있는 결과를 줄이는 데 기여할 수 있다면 어떨까?' 하는 생각에 흥분이 밀려왔다.

곧바로 채용 담당자에게 연락했다. 그는 이미 상위 후보들과 인터뷰가 진행 중이라며 빠르게 절차를 진행하자고 했다. 그래서 나는 책 강연 사이사이에 나의 이력서를 다시 정리하여 면접에 임했다. 화상 인터뷰를 통해 이 팀은 미국, 유럽, 남미에 걸쳐 매우 글로벌하게 구성되어 있다는 걸 알게 되었고, 내가 속하게 될 조직의 디자인 부사장은 구글 본사 출신의 전직 디자인 임원으로, 내가 많은 걸 배울 수 있는 사람으로 보였다. 그는 매번 꼼꼼한 후속 질문과 피드백으로 진심 어린 관심을 보여줬다.

면접 과정은 팀의 적극적이고 배려 깊은 커뮤니케이션 덕분에 순조롭게 진행되었다. 그렇게 새로운 가능성을 남겨 두고 나는 이제 뮌헨으로 이사할 준비를 마쳤다.

Questions & Tips

커리어 공백에 대처하기 위한
간단한 팁

몇 달에서 1년 정도의 휴식을 고민 중이라면, 그 이유는 대체로 다음 세 가지 중 하나일 가능성이 크다.

+ **회복과 재충전:** 번아웃에서 벗어나고, 몸과 마음의 균형을 다시 맞추기 위한 시간

+ **여행과 탐험:** 새로운 장소, 문화, 관점을 경험하며 신선한 아이디어를 얻는 시간

+ **커리어 전환 준비:** 새로운 기술을 익히고, 다양한 가능성을 시험해보며, 창업이나 새로운 커리어 방향을 탐색하는 시간

나는 우리가 살아가는 세상이 '휴식'을 당연하게 받아들이는 사

회가 되기를 바란다. 직원들이 '잠시 멈춤'을 통해 더 강하고 의욕적으로 변화할 수 있다는 것을 회사가 인정하는 세상이 되기를, 누구도 자신의 꿈에 더 가까이 다가가려는 선택 때문에 불이익을 받지 않기를 바란다.

당신이 만약 지금 한 단계 도약을 고민하고 있다면, 다음과 같은 내용을 기억하기 바란다.

1. **이력서 공백기는 '나만의 스토리'라는 강력한 무기로 메운다.**

이력서에 공백이 어떻게 보일지 걱정된다면, 공란으로 두지 말고 그 시간을 어떻게 보냈는지를 명확히 설명하자. 그리고 인터뷰의 기회가 주어진다면 왜 이런 시간을 가졌는지, 어떤 프로젝트에 도전했고, 어떤 위험을 감수했으며, 어떤 기술을 익혔는지를 공유하자. 이 스토리는 오히려 면접에서 당신만의 강점으로 작용할 수 있다.

2. **사람이 곧 자산이다. 관계를 유지하고 여정을 공유하자.**

쉬는 동안에도 다양한 네트워크 및 사람들과 연결을 유지하자. 자신의 생각, 도전, 다음 단계에 대한 방향성을 SNS든 직접 만남이든 다양한 방법을 통해 주기적으로 공유하자. 시간이 지나 다시 일을 시작할 때, 당신의 여정을 지켜본 사람들이 가장 먼저 기회를 줄지도 모른다.

커리어를 잠시 내려놓는 것은 '중단'이 아니라, 오히려 자신에게 '투자'하는 시간이다. 안식년 등이 아직 흔한 문화는 아니지만, 서구 혹은 MZ 세대를 중심으로 이런 사례가 빠르게 퍼져나가고 있다. 꼭 당신의 주변 사람이 아니라도, '커리어 브레이크'를 경험한 사람들을 찾아 그들의 이야기를 듣고 당신의 이야기도 나누길 바란다. 당신의 여정이 또 다른 누군가의 도전을 조금 더 수월하게 만들지도 모른다.

마지막 밤

뮌헨으로 떠나기 직전 심한 감기에 걸렸다. 무언가에 모든 에너지를 쏟아부은 후에야 비로소 몸이 놓아주는 듯한 그런 감기였다. 결승선을 통과하기까지 오랫동안 잘 버텨준 몸이 고마웠다. 때마침 기온도 뚝 떨어져 영하 1도를 기록했다. 어쩐지 한국식 사랑 같다는 생각이 들었다. 어쩔 수 없이 이별을 앞둔 연인들이 서로를 더 이상 아프게 하지 않기 위해 일부러 차갑게 굴곤 한다는 말을 들은 적이 있다.

한국에서의 마지막 며칠은 부모님 댁에 머물며 거의 밖으로 나가지 않았다. 피로 때문이기도 했고, 어쩌면 마음 한구석에 아직 작별할 준비가 되지 않았던 탓인지도 모른다. 엄마는 내가 떠나기 전 밖에서 한국 음식을 충분히 못 먹은 걸 아쉬워하셨지만, 사실 엄마가 집에서 만들어주신 집밥이야말로 내가 가장 좋아하는 음식이었다. 감기로 기운이 없을 때 엄마가 끓여주신 죽은 단순한 음식 그 이상이었다. 말보다 더 깊은 엄마의 사랑 표현이었다.

아쉽게도 이 전환의 순간을 충분히 곱씹을 시간이 없었다. 우리는 뮌헨으로 보낼 짐을 꾸리고, 남은 짐을 정리하고, 몸을 회복하느라 정신이 없었다. 그리고 마지막 밤의 고요한 순간, 나는 십 대 시절을 보냈던 방 침대 위에 앉았다. 미래에 대한 불안과 풋사랑의 기억, 또 가슴 아픈 일들이 뒤섞였던 그 공간에 이제 서른여섯 커리어 중반에 접어들어 결혼까지 한 내 모습이 겹쳐졌다.

십 대 시절 밤마다 이 침대에 누워 일기장을 채웠던 기억이 떠올랐다. 그리고 지금, 또 한 번 미지의 출발선 앞에서 예전처럼 똑같이 일기를 적어 보았다. 그날 밤의 일기를 여기에 그대로 옮겨본다.

나는 지금 내가 스스로에게 약속했던 두 번째 안식년을 마친 상태로 이 자리에 앉아 있다. 그 약속을 지켜냈다는 사실이 뿌듯하다.

이 방에서 짐을 싼 것도 벌써 수백 번은 되는 것 같다. 나는 이제 서른여섯이고, 부모님 곁을 처음 떠났던 열일곱 살 이후로 많은 시간이 흘렀다. 교육과 커리어를 향한 동경 하나로 집을 떠났고, 언제 돌아올 수 있을지도 알 수 없었다. 그 첫 번째 이별 이후로, 이 방에서 짐을 쌀 때마다 밀려오는 슬픈 감정은 도무지 익숙해지질 않는다. 사랑하는 사람들을 뒤로하고, 이 모든 여정이 그만한 가치가 있을지 자문하며 떠났었다. 서울에서 머무는 시간은 언제나 너무 짧았다.

가끔은 그냥 모든 도전을 포기하고 서울에 정착하고 싶었던 적도 있다. 하지만 동시에 나는 더 넓은 세상을 경험하고 싶었고, 세계 최고들과 어깨를 나란히 하며 커리어를 쌓고 싶었다.

세상은 하나의 '집'을 선택하라고 말했지만, 나는 둘 다 품을 수 있는 길을 찾겠다고 다짐했다. 그래서 한국에 자주, 아니 필수적으로 돌아올 수 있는 일을 하고 싶었다. 그러면 적어도 출국할 때마다 느껴야 하는 이 슬픔이 조금은 줄지 않을까 싶었다.

이번 안식년은 그 삶을 가능하게 만들기 위한 여정이었다. 설령 완벽하게 두 개의 '집'을 오가는 역할을 찾진 못하더라도, 이번 경험으로 얻은 건 너무나 소중하다. 충분히 긴 시간 동안 한국에 머물렀고, 이 나라와 나 자신과의 관계를 다시 회복할 수 있었기 때문이다. 나는 일상에서 한국어를 자연스럽게 구사하게 되었을 뿐 아니라 한국의 많은 사람들과도 더 가까워졌다. 한국은 이제 더 이상 어린 시절의 추억이 있는 곳만이 아니다. 이곳에서 나는 새로운 정체성을 찾았으며, 일과 사람, 커뮤니티를 다시 쌓아나갔다.

결과가 완전히 나온 것은 아니지만, '탐색할 의무'를 다한 기분이다. 원하는 삶을 찾기 위해 내가 할 수 있는 노력은 다 했다. 미래는 여전히 불확실하지만, 내 안은 예전보다 조금 더 평온해진 느낌이다. 과거엔 불가능하다고 생각했던 것들을 해낸 나 자신을 봤기 때문에, 앞으로 어떤 일이 닥치더라도 잘 해낼 수 있을 거라는 믿음이 생겼다.

그 평온함은 공항까지 가는 내내 함께했다. 이 공항은 내게 해마다 다른 의미로 다가왔다. 처음엔 새로운 시작과 희망을 의미했고, 이후엔 나를 더 넓은 세상으로 이끌어주는 성장의 상징이 되었다.

그런데 해가 갈수록 또다시 떠나야 하는 슬픔 같은 감정이 나를 지배했다. 나는 그 안 좋은 연상 작용을 끊어내고 싶었다. 짧은 방문 기간 안에 모든 걸 욱여넣는 듯한 쫓기는 기분에서 벗어나고 싶었다. 더 자주, 더 자연스럽게 한국으로 돌아올 수 있는 그런 삶을 살고 싶었다.

비행기가 이륙하고 창밖으로 서울이 작아지는 모습을 보며 이번엔 무언가가 달라졌다는 걸 느꼈다. 여전히 슬픈 감정이 있었지만, 예전만큼은 아니었다. 왠지 곧 다시 돌아올 것만 같은 기분, 이번에 내가 뿌린 씨앗들이 자라 새로운 가능성을 열어줄 거라는 느낌이었다. 새로운 관계와 새로운 아이디어, 그리고 가능성이 자라고 있었고, 이제 한국은 나에게 어느덧 '희망'의 상징이 되었다.

설령 아무런 성과가 없더라도 이미 소중한 것을 얻었다. 늘 간절히 바라왔던 것들을 현실에서 시도해본 것, 그것이야말로 내겐 가장 값진 성공이었다.

8. 도착, 그리고 새로운 집

Arrival, New Home

더 좋아보이는 것과
내 마음이 향하는 곳

1년간 일종의 휴가를 마치고 집이 아닌 새로운 도시에 도착한 것은 정말 낯선 경험이었다. 어떤 여행지가 아니라 이제 내 집이 될 곳인데, 나는 이 나라의 언어도 모르고 아는 사람도 없었다. 모든 게 낯설게 느껴졌다. 그런데 또 아무도 나를 모르는 곳에 있다는 익명성이 주는 묘한 편안함이 있었다.

마쿠스는 새 직장에서 바로 일하기 시작했고, 나는 1년 전 일을 그만둔 이후 처음으로 완전히 혼자가 되었다. 아무런 구속도 없는 시간 속에서 딱 세 가지 일을 했다. 휴식을 취하고, 글을 쓰고, 걷는 것.

1년 만에 처음으로 넷플릭스 몰아보기를 즐겼다. Year-off 내내 하루도 허투루 보내고 싶지 않았기에 꾹 참았던 일이다. 그리고 TV를 보지 않을 때는 계속 글을 썼다. 내 감정을 정리하고 이 시간을 기억하고 싶었기 때문이다. 그중엔 부모님, 마쿠스, 친구들에게 보내는 감사의 편지도 있었다. 그리고 마침내 처음으로 나 자신에게도 고마움을 전했다. "내 마음속 가장 깊은 바람을 잊지 않고 용기 내줘서 정말 고마워."

감기에서 회복된 뒤에도 밖으로 나갈 동기나 의욕은 그다지 생기지 않았다. 그저 가볍게 산책을 나가 눈썹에 내려앉는 가벼운 눈의 감촉을 느낄 뿐이었다. 1년간 노마드 생활을 하고 나니 어디에 있든 익숙한 자연들이 가장 편안했다.

그제야 나는 지금 '겨울을 지나고' 있다는 것을 깨달았다. 캐서린 메이 Katherine May의 《우리의 인생이 겨울을 지날 때 Wintering》라는 책에서 말하듯, 삶은 계절처럼 흘러간다. 피어나는 계절이 있으면 움츠러드는 계절도 있다. 사람들은 늘 앞으로 나아가야 한다고 말하지만, 자연은 그렇지 않다. 다친 동물은 회복할 때까지 그냥 그 자리에 머물 뿐이다. 나는 사계절 내내 쉼 없이 피어나 있었다. 짐을 싸고 풀기를 반복했고, 긴 시간 동안 불확실한 긴장 상태로 열심히 움직였다. 아직 결승선은 보이지 않았고 다음 직업을 결정해야 했지만, 그러기 전에 잠시 멈추는 시간이 필요했다.

옳은 선택은 없다,
나의 선택만 있을 뿐

독일에 도착하고 나서 며칠 후, 퓨리오사AI의 CEO 준으로부터 "FuriosaAI Germany!"라는 제목의 이메일을 받았다. 놀랍게도 독일을 중심으로 유럽 시장을 개척해보자는 내용이었다. 물론 지금 당장은 미국 시장이 우선순위이긴 하지만, 글로벌 성장을 위해서는 유럽에서도 승부를 봐야 하니 그 시장의 중심으로 독일을 생각해보자는 것이었다. 이 이메일을 통해 두 가지를 알 수 있었다. 첫째, 준은 정말 장기적인 관점과 비전을 가진 리더였고, 둘째, 관습에 얽매이지 않고 도전을 마다하지 않는 사람이었다.

곧이어 진행된 화상 인터뷰에서는 열다섯 명의 퓨리오사 리더들과 만났다. 한국 기업과의 인터뷰는 처음이었고, 영어와 한국어를 오가며 대화를 나눴다. 실리콘밸리에서 흔히 볼 수 있는 "뭘 할 수 있는지 보여줘봐요" 식의 압박감보다는 진심 어린 호기심과 따뜻한 태도가 느껴졌다. "제가 디자인 쪽은 잘 몰라서 그러는데요…" 혹은 "궁금해서 여쭤보는 건데…" 같은 표현들이 인간적인 매력으로 다가왔다. 퓨리오사와의 대화 내내 몸이 편안했고, 온전히 몰입할 수 있었다.

셀로니스와의 인터뷰도 대부분 좋았지만, 몸이 더 긴장한 것은 사실이었다. 아마도 구글 출신들과 함께 일한다는 데 대한 나의 편견이나 기대 때문이었는지도 모른다. 그때의 감정은 나를 다시 실리콘밸리 시절로 데려갔고, 화상 인터뷰가 끝날 때마다 기운이 다 빠져나가는 것 같았다.

얼마 지나지 않아 두 회사로부터 모두 입사 제안을 받았다. 기쁘기도 했지만, 본격적인 고민은 이제 시작이었다. 두 제안은 모든 면에서 달랐다.

퓨리오사에서는 내가 디자인 팀의 리더이자 사원이 되어 모든 기능을 처음부터 만들어 가야 했다. 반면 셀로니스에서는 이미 자리 잡은 글로벌 디자인 팀의 일원으로 합류, 하나의 팀을 이끌게 될 예정이었다.

퓨리오사에서는 브랜딩, 마케팅, 인터랙션 디자인까지 폭넓은 영역의 역할을 기대했고, 셀로니스에서는 특정 데이터 분석 애플리케이션을 위한 인터랙션 디자인에 집중해주길 바랐다.

퓨리오사는 시장 출시까지 오래 걸리고 아직 수익도 발생하지 않은 하드웨어를 개발 중이라 재무적 위험이 높았다. 반면 셀로니스는 이미 20억 달러에 달하는 안정적인 수익을 내고 있었고, 곧 IPO도 준비 중이었다.

복지의 차이도 컸다. 셀로니스는 PDF로 잘 정리된 복지 혜택 문서를 보내주었고, 보너스, 육아 휴직, 유급 휴가 등이 상세히 설명되어 있었다. 퓨리오사는 복지 문서를 보내오지 않았다.

셀로니스는 뮌헨에만 수십 명의 직원을 보유하고 있고, 독일 내에서도 유니콘 B2B 스타트업으로 확고한 명성을 가진 회사였다. 반면 퓨리오사는 뮌헨에 아무도 없었다. 내가 합류하게 된다면 독일에서 일하는 첫 번째 직원이 될 예정이었다.

장기적인 안정성도 고민거리였다. 만약 아이를 낳을 경우, 셀로니스는 6개월간의 전액 유급 휴가와 추가로 6개월 부분 유급 휴가를 제공한다. 무엇보다도 보상 면에서 셀로니스가 훨씬 우위였다.

인터뷰 과정은 한 회사의 운영 방식이 어떤지를 보여주는 창과도 같다. 셀로니스의 과정은 매끄럽고 체계적이었다. 각 단계에서 나의 위치가 어딘지 명확히 알려주었고, 어떤 식으로 내가 이 역할에 기여할 수 있을지를 설명해주었다. 예비 매니저는 인터뷰 이후에도 주기적으로 연락을 주며 내가 오기를 진심으로 기대하고 있음을 표현했다.

양사 모두와 협상을 잘 마쳤고, 이제는 결정을 내려야 할 시점이었다. 모든 정보를 취합한 후, 주변 사람들과도 상의해봤다. 나 자신을 포함해 대부분의 사람들 시선에서 셀로니스가 당연한 선택처럼 느껴졌다.

한국의 친구들이나 멘토는 "한국 회사는 가지 마. 아무리 자유로운 스타트업이라도 결국은 보수적이어서 고생할 거야"라고 조언했다. 또 다른 멘토는 "셀로니스는 너의 커리어 포트폴리오상 자연스러운 발전 과정으로 보이고, 퓨리오사는 오히려 한 걸음 뒤로 물러나는 느낌이야"라고 했다. 또 다른 친구는 "독일에 정착하고 싶다면 독일 회사에 들어가는 게 적응에 더 도움 될 거야"라고 했다.

그렇게 며칠을 고민한 끝에 나는 셀로니스의 오퍼를 구두로 수락했다. 그날 밤 가족에게 소식을 알렸고, 잠자리에 들며 설렘을 느꼈다. 이제 드디어 새로운 챕터를 축하할 준비가 됐다고 생각했다.

그런데 다음 날 아침 눈을 떠 보니 왠지 모르게 마음이 무거웠다. 예상치 못한 감정이었다. 침대에 조금 더 누워 생각해봤다. '잠을 설친 것도 아닌데 왜 이런 감정이 드는 걸까?'

나는 살면서 나름 어려운 결정을 여러 번 내려봤다고 생각한다. 그래서 어떤 선택을 하고 나면 고민과 고통은 사라지는 게 정상이라고 알고 있는데, 이번엔 달랐다. 정확히 짚어낼 순 없었지만 뭔가 잘못됐다는 느낌이 들었다.

일단 혼자 걸어야겠다는 생각에 임시로 머물고 있던 집 근처 공원까지 한참을 걸었다. 밤사이 눈이 내려 세상이 하얗게 덮여 있었다. 걷다 보니 그 감정이 뭔지 마침내 알 수 있었다. '슬픔'이었다. 나에게 속해 있던 소중한 무언가를 잃은 느낌, 다시 만날 수 있을지 모르는 채 작별 인사를 하는 것만 같았다.

감정이 분명해지자, 본능적으로 휴대폰을 꺼내 아빠에게 전화를 걸었다. 불과 8시간 전, 셀로니스를 선택했다고 알려드린 직후였다.

"왜 그런지 모르겠는데… 아침에 눈 떴더니 마음이 너무 슬

퍼."

아빠는 망설임 없이 말씀하셨다. "그거 중요한 신호 같은데."

그러고는 당신의 이야기를 들려주셨다. 젊었을 적 두 가지 매력적인 제안 중에서 어려운 선택을 해야 했던 적이 있다고 했다. 몇 달간 고민한 끝에 한쪽을 선택했고, 마침내 계약서에 서명하러 가는 길이었다. 그런데 가는 도중 뭔가가 달라졌다. 강한 직감이 그 계약을 하지 말라고 신호를 보냈다.

그날따라 이상하게 교통체증이 있었고, 자잘한 사고가 계속 생겼다. 목적지에 가까워질수록 마음속 목소리는 점점 더 커졌다. 지금도 왜 그런지 완전히 설명할 순 없지만, 도착했을 때는 이미 계약을 할 수 없겠다는 확신이 들었다고 한다. 결국 아빠는 정중하게 거절하고 집으로 돌아왔다.

당시 아빠의 선택은 가족과 주변 친구들을 놀라게 했다. 아빠가 거절한 기관은 명성이 높은 곳이었던 만큼 상식적으로는 당연히 받아야 할 제안이었다. 하지만 그때 아빠가 배운 것은 '논리만으로는 충분하지 않다'는 것이었다. 오히려 직관이 더 나은 길잡이였다.

이 말을 들으며 묘한 감정이 들었다. 수학자이자 과학자인 아버지가 내게 인생에서 가장 중요한 결정은 결국 '직감'이라고 말하는 것이 아이러니했다. 물론 아빠는 단서를 덧붙였다. "먼저 정보를 충분히 모으고, 비교하고, 분석한 후에야, 마지막 결정을 직감에 맡길 수 있는 거야."

그리고 나를 깊이 위로한 한 문장을 덧붙였다. "이런 선택은 말이야, 정답을 알 수가 없어. 왜냐하면 선택하지 않은 길은 끝내 우리가 살아볼 수 없으니까. 중요한 건 '올바른 선택을 했는가'가 아니라, '내가 이 선택을 믿고 앞으로 나아갈 수 있는가'야."

그 말씀에 비로소 마음이 편안해졌다. 나는 절대 '옳은 선택'을 알 수 없고, 그러니 옳고 그른 선택이라는 것은 존재하지 않는다. 내가 택한 그 선택만 있을 뿐이고, 그 선택을 책임지는 나의 태도만 존재하는 것이다.

그 순간 어떤 길을 가야 할지 분명히 알 수 있었다. 아마 내 마음은 이미 결정을 내렸지만, 내 머리가 동의하지 않았기에 슬펐던 것이 아닐까? 마침내 마음의 목소리에 귀를 기울였을 때, 이성도 따라왔다. 약간의 두려움을 안고서라도 말이다.

나는 그동안 늘 '더 나은 선택'을 해왔던 것 같다. 더 안전해 보이고, 더 논리적인 선택들 말이다. 하지만 그 경험들을 통해 배운 건 이제는 '더 나은 선택'이 아니라 '나의 선택'을 하고 싶다는 것이다.

계속 걸으면서 스스로에게 물었다. '이게 정말 내가 원하는 길인가? 나는 이 선택을 진심으로 받아들일 준비가 되어 있는가?'

눈송이가 점점 더 굵어지면서 새하얀 눈이 바닥을 덮었다.

조용한 평일 아침 공원은 텅 비어 있었다. 나는 그곳에서 떨어지는 눈을 맞으며 혼자 서 있었다. 들리는 건 내 숨소리뿐이었다. 뒤에는 내가 남긴 분명한 발자국이 있었고, 앞에는 누구의 흔적도 없는 새하얀 눈이 소복했다. 나는 어떤 방향으로든 향할 수 있다는 그 자유로움에서 평온함을 느꼈다.

한 걸음 또 한 걸음 집으로 돌아왔다. 그리고 결정을 바꾸겠다는 전화를 걸었다.

딱 맞는 옷을 입은 것 같은 느낌

나는 한국에 본사를 둔 AI 반도체 기업의 디자인 총괄로 계약서에 서명했다. 이건 내가 해본 선택 가운데 가장 어려운 결정 중 하나였다. 또다시 미지의 세계로 들어섰고, 또 하나의 새로운 챕터를 완전히 처음부터 써내려 가야 하는 여정이었다.

예전에 컨설팅 회사에서 일할 땐 여러 기업을 외부에서 관찰했고, 대기업에서는 이미 갖춰진 시스템 안에서 일해보았다. 하지만 이제 막 성장 궤도에 오른 스타트업에서는 기업이 성장해나가는 메커니즘을 생생하게 볼 수 있고, 그 여정에 나의 손길을 더하며 변화를 함께 만들어갈 수 있다. 배움과 기여가 균형을 이루는 환경이었다.

이제 독일은 나의 새로운 집이 되었지만, 굳이 서둘러 적응하지 않기로 했다. 친구를 사귀고, 독일어를 완벽하게 구사하려 애쓰는 대신 좀 더 긴 안목을 갖고 생활하기로 했다.

새로운 곳으로 이사할 때마다 나는 본능적으로 빨리 적응하기 위해 노력하고 주변과 잘 섞이려 애쓰는 경향이 있다. 하지만 그러다 보면 정작 나 자신을 잃어버릴 수도 있다는 것을 경험으로 알았다. 그래서 이번엔 천천히 내 리듬과 의지로 한 걸음씩 쌓아 가고 싶었다.

그리고 한국. 지난 1년 동안 맺은 새로운 관계와 예상치 못하게 찾아온 기회들, 이런 것들은 내가 의도하거나 계획해서 얻은 게 아니었다. 이제 나는 단순한 방문객이 아니라, 의미 있는 일에 직접 참여하는 사람으로서 정기적으로 한국에 머무를 수 있는 시스템을 만들고 싶었다. 그렇게 할 수만 있다면 굳이 '두 집 중 하나'를 선택하지 않아도 될 것이다.

이미 몇 번 밝혔지만, 좀 더 시간이 흐르면 학계로 커리어를 옮겨보고 싶다. 그전에 일단 빠르게 변화하는 세상 속에 뛰어들어 디자인이 비즈니스에 어떤 영향을 미치는지, AI가 세상을 어떻게 바꾸는지, 그리고 내 역량으로 무엇을 만들어낼 수 있을지 몸소 체험해보고 싶다. 아울러 계속해서 글쓰기와 강의를 병행하며 인생의 다음 챕터로 나아가기 위한 토대를 쌓아갈 것이다.

집중해서 글을 쓸 수 있는 시간은 사라졌지만, 그래도 계속해서 글을 쓰겠다고 다짐했다. 그것만큼은 언제나 오직 내 의지에 달려 있다는 걸 이번에 배웠으니까 말이다.

　이렇게 정리하고 보니 이번 결정은 정말 확실하게 '옳다'는 느낌이 들었다.

온전한 나로 살아가는 삶

베스트셀러 《H마트에서 울다Crying in H Mart》의 저자이자 싱어송라이터인 미셸 자우너Michelle Zauner는 나처럼 강한 이끌림으로 한국에서 안식년을 보낸 또 한 사람이다. 한국인 어머니와 유대계 미국인 아버지 사이에서 자란 그녀는, 어머니가 세상을 떠난 뒤에야 본격적으로 자신의 '한국인' 정체성과 마주하기 시작했다. 그녀는 늘 한국에서 1년쯤 살아보며 자신의 뿌리를 탐색하는 것을 꿈꿨다고 한다. 그리고 2025년 초, 한국에서의 안식년을 마친 그녀는 새로운 앨범을 발표하고, 그 1년의 경험을 바탕으로 또 다른 책을 준비 중이라 밝혔다. 그녀는 이 시간을 통해 비로소 '한국인 자아'와 '창작자 자아'를 연결하여 온전한 정체성을 마주할 수 있었다고 한다.

　나도 고등학교 때 미국으로 다시 돌아간 직후 교내 식당에서 본격적인 '자리 선택'의 현실과 마주한 적이 있다. 그곳엔 '한국인 테이블'과 '한국계 미국인 테이블'이 따로 있었다. 처음엔 두 곳을 오가며 자연스럽게 스며들기를 바랐지만, 결국 어느 한쪽을 택하라는 압박을 느꼈다. 두 테이블은 잘 섞이지 않았고, 결국 나는 어느 쪽도 선택하지 않은 채 모두 피하고 말았다. 그때부터 한국과는 관계없는 사람들을 찾아다녔고, 나에게 어떤 정체성을 강요하지 않는 사람들과 함께할 때 가장 편안했다.

　이민자이거나 이중 문화적 배경을 가진 사람들만이 이해할 수 있는 종류의 슬픔이 있다. 둘 이상의 문화에 속해 있다 보면 종종 그중 하나만 선택해야 할 것 같은 기분에 사로잡힌다. 누가 시킨 것도 아닌데, 그래야만 어딘가에 속해 있는 느낌이 들기 때문이다. 생존 본능 같은 거랄까. 그렇지 않으면 어디에도 온전히 속하지 못한 이방인으로 남겨지는 게 현실이다.

　그러다 보니 평생을 자신의 정체성을 설명해야 하거나, 마음속 일부를 절대 이해하지 못할 사람들과 관계를 맺으며 살아가야 한다. 어느 것도 완전히 나 같지 않고, 어느 곳도 완전히 집 같지가 않다. 아무리 숨기려 해도 마음속엔 늘 구멍이 남아 있다. 평생 그 구멍을 채우려 애쓰지만 어느 순간 이건 채워야 할 게 아니라 그냥 끌어안고 살아야 하는 무언가라는 걸 깨닫는다.

이런 특수성은 일, 인간관계 등 삶 전반에 걸쳐 영향을 미친다. 온전한 소속감 없이 일종의 결핍과 안개 같은 미세한 스트레스를 안고 살아가기 때문에 자신의 삶에 온전히 집중하지 못하는 경우가 많다. 행복이란 모름지기 자신의 가치관이 실제 삶과 일치하고 충만한 마음으로 살아갈 때 느끼는 것이라고 생각하는데, 그런 점에서 나는 늘 어딘가 부족한 느낌이었다.

그런데 그해 한국에서의 마지막 주에 우연히 본 그림 하나가 내 안식년의 감정을 하나의 이미지로 응축해 보여주었다. 김환기 화백의 '우주'라는 작품이었다. 작가의 말년에 완성한 이 작품은 127×254센티미터의 독립된 두 점이 나란히 놓인 커다란 크기의 대작이다. 거의 동일한 구성을 가진 두 개의 캔버스가 이어져 하나의 은하처럼 보이는 그림이다.

이 그림을 본 건 마쿠스와 서울에서 마지막 데이트를 하던 날이었다. 함께 대치동 근처를 걷던 중이었는데, 그곳은 내가 열여섯 살 때 외고 입시 준비를 위해 학원을 다니던 바로 그 동네였다. 그때 나는 '원하는 것'보단 '해야 할 것'을 선택해야 더 밝은 미래가 온다는 걸 받아들이기 시작했다. 데이트 신청을 거절하고, 졸음과 싸우고, 새벽까지 라디오를 들으며 문제집을 풀었다.

그리고 20여 년 뒤, 같은 거리를 걸으며 생각했다. 지금 내 옆엔 인생의 동반자가 있고, 10년이 넘는 커리어가 쌓여 있다. 커리어와는 별개로, 나는 이제 '내가 하고 싶은 것'을 밀어붙일

줄 아는 사람이 되었다. 어쩌면 그때 '해야만 했던 것들'을 성실히 해냈기에 지금의 내가 있는 걸지도 모른다. 하지만 그만큼, 내가 정말 원하는 게 무엇인지 다시 귀 기울일 수 있을 때까지 너무도 오랜 시간과 노력이 필요했다.

김환기 화백의 전시는 엄마의 추천으로 가게 되었는데, 그 전까지는 그의 작품이나 생애에 대해 전혀 알지 못했다. 그 역시 나처럼 여러 도시와 국가에서 거주하며 작품 활동을 했고, 해외에서 마지막 숨을 거뒀다는 사실을 알게 되었다. 그의 작품은 한국의 전통적인 정서를 기반으로 하면서도, 외국의 다양한 기법들이 절묘하게 섞여 있었다. 다양한 세계에서 길러진 그의 예술적 정체성이 그대로 드러났다.

전시 한가운데, 작고 어두운 방 한편에 '우주'가 단독으로 걸려 있었다. 마치 서로 다른 두 그림이 따로 그려진 뒤에 하나로 연결되어 새로운 의미를 만든 듯했다. 그것은 그해 나의 감정을 너무도 정확하게 표현해준 그림이었다.

모처럼 한국에서 긴 시간을 보내며 언어와 문화를 다시 체화하고, 그 모든 걸 사랑하는 사람에게 소개하고, 따뜻하고 친절한 한국인 커뮤니티와 관계를 쌓아 갔던 일련의 시간들이 내 안에 잠들어 있던 무언가를 깨웠다. 나는 생각보다 이 시간이 정말 간절했던 것 같다. 그래서 이번 Year-off에서 얻게 된 모든 성과와 탐색 중에서도, 앞으로 한국에 자주 돌아올 수 있는 일과 삶의 방식을 만들어낸 것이 가장 소중한 수확이었다.

뉴욕의 집을 떠나 한국에 도착해서 앞으로의 1년이 우리를 어디로 데려갈까 설레 하던 첫날이 떠올랐다. 그러다 문득 이제 온돌에 편안히 앉아 아침을 맞이하던 마쿠스의 모습이 떠올랐다. 연초엔 바닥에 앉는 것조차 어려워하던 그가, 전통 두부 식당에서 '이모'를 불러 콩비지찌개에 곁들일 반찬을 추가로 시켜먹게 되었다. 우린 '이상한 변호사 우영우' 촬영지를 알아보고 신나 했으며, 내가 밤을 지새우며 공부했던 학원 앞을 함께 걸었다. 그 시절의 나는 전 세계를 누비는 디자이너가 되고 싶다는 꿈을 꾸었다.

그날, 내 안에 두 개의 세계가 하나로 합쳐지는 것을 느꼈다. 성인이 된 대부분의 기간 동안 나는 늘 두 개의 분리된 캔버스를 오가며 살아왔다. 그런데 그날은 마침내 한 장의 그림이 된 기분이었다. 있는 그대로의 나를 온전히 바라봐주는 사람들과 함께하는 삶. 이제 더는 나 자신을 움츠리거나 편집하지 않아도 된다고 생각했다. 온전한 나로 존재해도 괜찮은 삶이었다.

Questions & Tips

'온전한 나' 발견하기

나는 한국인과 미국인이라는 두 정체성 사이에서 균형을 잡는 데 늘 어려움을 겪었다. 어쩌면 당신의 정체성도, 나처럼 뚜렷한 이중 문화 배경까진 아니라도, 직장이나 가족, 친구 등 외부의 기대에 의해 형성된 것인지도 모른다.

이번 Year-off에 내가 가장 깊이 깨달은 것 중 하나는 꼭 하나의 정체성으로만 살아갈 필요는 없다는 것이다. 나를 구성하는 모든 면들을 포용하고 받아들이는 것이 중요하다.

혹시 지금까지 외면해온 당신의 모습이 있지는 않은가? 그 부분을 이해하고 다시 연결하는 것이 앞으로 나아가는 데 꼭 필요한 단서가 될지도 모른다.

9. 에필로그

Epilogue

Year-off 1년 후,
원하던 삶을 찾았는가?

Year-off 이후 커리어에 극적인 도약이 있진 않았다. 대신 나만의 'What-If'에 대한 답으로 작지만 중요한 변화들을 만들었다. 지금 나는 '퓨리오사'라는 한국에서 시작된 글로벌 AI 반도체 스타트업에서 브랜드 & 소비자 경험 총괄로 일하고 있다. 이 직책이 실제로 의미하는 바가 뭘까? 이 일이 내 삶에 어떤 변화를 가져왔을까?

+ 전면 원격 근무라, 업무만 제대로 소화한다면 시간을 유연하게 조절할 수 있다.

- + 1년에 두 번 이상 한국 출장을 가게 되었고, 그때마다 2~3주 이상 머물 수 있다.
- + 브랜드, 마케팅, UX 등 예전보다 더 다양한 디자인 과제를 다루고 있다.
- + 지금 사는 곳은 알프스까지 기차로 1시간 거리다.
- + 마쿠스 역시 바라던 대로 이곳에서 빅테크 기업에 취업했다.

새 직장에서 나의 역할은 회사의 브랜드 및 마케팅 파트를 구축하는 것이다. 처음에는 디자인 리더로 합류할 계획이었지만, 지금 회사에는 탄탄한 마케팅 기반이 더욱 필요하다는 것을 깨닫고, 그 분야부터 먼저 돕기로 했다. 하드웨어 제품이 글로벌 론칭을 준비하고 있을 때, 사전에 브랜딩과 마케팅이 먼저 자리 잡고 있어야 한다는 걸 이해했기 때문이다. 그래서 내가 먼저 나서서 내외부 전문가들을 모아 마케팅, 커뮤니케이션, 디자인 각각의 팀을 구성하고 하나씩 기반을 다져나갔다.

팀을 구성하고, 핵심 업무를 정의하고, 결과물을 만들어내는 이 과정은 창업가적인 경험이자 매우 창의적인 일이라고 생각했다. 그렇게 지난 1년 동안 해온 일의 대부분은 나에게도 처음 해보는 도전이었는데, 어쩌면 이게 바로 창의성의 본질 아닐까?

친구들이 종종 묻는다. "스타트업이라 요즘 엄청 바쁘지 않아?" "새로운 직장에서 워라밸은 좀 어때?" 내 대답은 늘 같다.

"일단 재밌어. 좀 더 오래 일하긴 하는데, 잠은 더 잘 자."

잠의 양은 늘지 않았지만, 수면의 질이 좋아졌다. 스트레스가 훨씬 줄었기 때문이다. 무엇보다 중요한 건 대부분의 경우 언제 어디서 일할지 내가 직접 선택할 수 있다는 점이다. 덕분에 더 집중해서 일할 수 있고, 결과도 만족스럽다. 이게 바로 내가 정의하는 '유연함'이다.

이 점에 대해 좀 더 생각해봤다. 처음 해보는 일이나 빠르게 진행해야 하는 일들은 긴장과 스트레스를 유발하기 마련인데, 왜 그렇지 않은 걸까? 생각해보니 다음과 같은 몇 가지 요인 덕분에 이런 상황을 잘 컨트롤할 수 있었다.

1. **창의성을 키우는 리더십.** 퓨리오사AI의 CEO는 참 드문 유형의 리더다. 사람들이 창의적인 해결책을 모색하도록 진심으로 응원하고, 실험하고 실패할 수 있는 안전한 환경을 조성해준다.

2. **나에게 맞는 업무 리듬.** 직원들이 한국과 미국에 흩어져 있다 보니 양쪽 시간대를 넘나들며 일하고 있는데, 그래서 오전과 저녁에 일하고 오후엔 혼자만의 시간을 보낼 수 있다. 이 여유 덕분에 조깅을 하거나 산책을 하면서 충전하곤 한다. 덕분에 사회적 교류와 혼자 있는 시간의 비율이 20 대 80 정도인데, 이 균형이 나에게 딱 맞는다.

3. **의미 있고 재미있는 역할.** 무엇보다 일 자체가 재미있다. 이곳에서는 나의 하이브리드 디자인 경험, 한국계 미국인으로 성장한 배경, 다양한 문화간 융합에 대한 관심 등을 모두 업무에 잘 살릴 수 있다. 나의 이중 정체성이 더 이상 제약이 아니라 오히려 나만의 강점이 되었다.

인생의 새로운 챕터에서 유연함과 창의성을 되찾은 것 외에도, 나의 에너지를 북돋는 두 장소에서 더 많은 시간을 보낼 수 있게 된 것도 감사한 일이다. 하나는 '산'인데, 사계절 내내 쉽게 갈 수 있고 필요할 때마다 등산하며 몸과 마음을 회복할 수 있게 되었다. 또 한 곳은 '한국'으로, 전보다 더 자주 그리고 충분히 오래 머물 수 있게 되었다. 덕분에 부모님과의 시간이나 한국에서만 느낄 수 있는 음식과 감정들을 더 이상 아쉬워하지 않아도 된다.

돌이켜보면 한국에서 책을 낸다는 건 큰 베팅이었고, 2022년 빅테크 업계의 대규모 구조조정처럼 나의 통제 밖의 변수도 있었다. 그런가 하면 뜻밖의 인연들도 있었다. 퓨리오사를 알게 해준 오래된 친구와의 재회, 마침 애플이 뮌헨에 AR 관련 팀을 세팅하게 된 것 등은 전혀 예상하지 못한 기회들이었다. 물론 그 기회 앞에는 불확실한 미래에 대한 두려움이 존재했다. 그래도 내 직감을 믿기로 했고, 조급하게 타협하지 않고 책을 완성하는 데 집중했다. 나의 선택과 결정에 확신을 가질 수 있었던 건, 1년 내내 나의 '직관'을 훈련해온 덕분이라고 생각한다.

그리고 이제, 내가 어디에 있고 무엇을 하는지보다 정말 가장 중요한 질문은 바로 이것이다. "내가 원하던 것을 찾았는가?"

나는 이 두 번째 Year-off를 통해 어떤 일, 어떤 라이프스타일이 내게 필요한 유연함과 창의성을 줄 수 있을지 끊임없이 탐색했다. 건강과 행복을 더 잘 챙기고, 사랑하는 사람들과 더 깊이 연결되는 삶 말이다. 연봉이나 직책, 평판은 이 시간을 평가하는 기준이 되지 않는다. 내게 중요한 질문은 딱 하나, "내가 진짜 원하는 삶이 무엇인지 더 깊이 이해한 끝에 내린 선택인가?"이고, 이 질문에 나는 자신 있게 "그렇다"고 답할 수 있다.

Year-off 2년 후, 변화는 여전히 진행 중!

첫 책을 출간하긴 했지만, 한국에 머무는 짧은 시간 동안의 홍보 활동으로는 많은 독자들과 만나기 어려웠다. 그런데 Year-off 기간에 찍었던 'EO Korea'라는 유튜브 채널과의 인터뷰 영상이 뒤늦게 공개되어 지금은 조회수 70만이 넘었고, 여러 기업과 콘퍼런스, 대학 등에서 강연 요청이 쏟아졌다. 책 계약을 앞두고 편집자가 해준 말 그대로였다. 첫 책 출간이 뜻밖의 새로운 인연들을 만들었고, 그 인연이 또다시 새로운 문을 열어주고 있다.

그중에는 또 다른 출판사에서의 출간 제안도 있었다. 그리고 비슷한 시기에 첫 책을 함께 만든 편집자도 새 책 제안을 해왔다. 하지만 이번엔 그 편집자의 상황이 달라졌다. 그녀는 내 블로그에서 Year-off 관련 글을 보며 막연히 생각해왔던 독립의 꿈을 다시 떠올리게 됐다고 말했다. 그리고 마침내 정말로 회사를 떠나 막 1인 출판사를 창업한 상태였다.

오랜 전통을 가진 대형 출판사와 이제 막 시작한 1인 출판사 중 하나를 선택하는 건 쉽지 않았다. 하지만 결국 나는 나의 처음을 함께해준 편집자를 선택했다. 우리는 서로 생각이 잘 맞았고, 게다가 퇴사와 창업이라는 용감한 선택을 한 사람이야말로 내 여정을 더 깊이 이해해줄 수 있으리라 믿었기 때문이다. 그렇게 막연히 희미한 가능성으로만 존재했던 두 번째 책이 마침내 이렇게 현실이 되었다.

하지만 풀타임으로 일하면서 원고를 쓴다는 것은 완전히 새로운 도전이었다. 첫 번째 책은 내 경험을 멘티에게 설명하듯 쓴 비교적 객관적인 글이었다면, 두 번째 책은 내 인생 경험과 철학이 녹아든 새로운 장르였기에 더 어려웠다. 다시 초보자가 된 것처럼 힘들어하고 있을 때 뮌헨에 있는 글쓰기 모임 '해피 라이팅 Happy Writing'을 발견했다.

특별할 건 없었다. 일주일에 몇 번씩 온라인으로 접속하거나 카페에 모여 각자 글을 쓰는 모임이었고, 절반 정도는 자신만의 책을 쓰고 있는 사람들이었다. 함께 조용히 앉아 글을 쓰고 서로를 응원하는 이 시간이 뜻밖의 동력이 되어주었다. 나는 일주일에 한 번밖에 참석할 수 없었지만, 그 정도로도 꾸준한 글쓰기 습관을 만드는 데 충분했다. 덕분에 글쓰기는 그해 Year-off만의 프로젝트가 아닌, 내 삶의 일부가 되었다. 좀 더 창의적인 삶은 내가 늘 꿈꿔왔던 삶이다.

그리고 예상치 못한 또 다른 기회와 변화의 씨앗이 생겨나기도 했다. 앞서도 잠깐 언급했지만 나는 언젠가 학계로 자리를 옮겨 디자인 교수로 활동하고 싶은 꿈이 있다. 아직은 산업 현장에서 더 경험을 쌓을 계획이지만 한편에서는 교육 분야에 발을 들일 수 있는 방법과 기회를 모색하고 있었다.

그러던 중 최근에 재밌는 에피소드가 하나 있었다. 독일의 중고 앱 클라인안자이겐Kleinanzeigen에서 새 집에 놓을 조명을 찾고 있었는데, 마침 딱 마음에 드는 디자인이 올라와 바로 판매자에게 연락했다. 조명 픽업 주소를 받고 찾아가보니 뮌헨의 한 디자인 대학 교수 연구실이었다. 복도의 알림판에는 구인 광고가 붙어 있었고, 나는 살짝 고민하다가 용기를 내어 물었다. "혹시 UX나 디지털 디자인 분야의 강사를 찾고 계신가요?" 이 질문 하나가 디자인 학과장과의 연결로 이어졌고, 결국 이번 학기부터 그 대학에서 강사로 설 수 있게 되었다.

이 이야기를 들은 사람들은 대부분 재미있다며 흥미로워하는데 간혹 "어쩜 그렇게 운이 좋아요?"라고 묻는 이도 있다. 나는 운이 좋은 사람일까? 글쎄 꼭 그런 것 같진 않지만, 나는 운이 좋다고 믿기로 한 건 사실이다. 나에게 '운'은 '기회'의 다른 말이다. 그리고 그 기회는 세상 어딘가에 있을 거라고 믿을 때 더 잘 보인다. 또한 어떤 기회는 '문제'로 위장하여 찾아온다는 것도 알게 되었다. 처음에는 장애물처럼 느껴지지만, 시간이 지나고 나면 그 경험들이 다음 단계로 나아가는 길을 안내해주고 있었던 것이다. 물론 그 길이 항상 쉬운 것은 아니다. 하지만 내가 원하는 건 쉬운 길이 아니라 나에게 '진짜 의미 있는 길'이다. 그런 삶이라면 과정에 다소 어려운 길이 나오더라도 기꺼이 감수할 만한 가치가 있다고 믿는다.

지난 2년간의 일들을 돌아보며 느낀 게 하나 있다. Year-off의 의미는, 그 시간이 끝났을 때 내린 결정이나 그 시점의 내 모습으로 가늠할 수가 없다. 진정한 변화는 그 이후에도 계속되며, 우리가 알아차리지 못할 때에도 서서히 우리를 변화시키고 있다. 마치 산이 수백만 년 동안 미세한 움직임으로 만들어지듯, 내 안의 변화도 조용히 천천히 이어지고 있었다. 그리고 나는 지금도 여전히 성장하고 있다.

따라서 우리는 결과에 대해서는 좀 더 인내심을 갖고, 도약할 수 있는 용기에 더 집중해야 한다. 결과는 때로 예상보다 늦게 찾아오기도 한다. 중요한 건, 내가 원하는 삶을 향해 조금이라도 나아가는 것이다. 그 움직임은 아무리 작더라도 결국 나라는 사람을 변화시킬 것이며, 그렇게 달라진 내가 그다음의 또 다른 변화를 계속해서 만들어갈 것이다.

2년이라는 시간이 지난 지금, 내 안에는 어떤 변화가 일어나고 있을까? 가장 먼저 떠오르는 단어는 '편안함'이다. 내가 정말 하고 싶었던 것들을 하나씩 실천해온 1년이 지나고 나니 마음이 한결 가볍고 자신감도 더해졌다. 이 편안함은 스위스 호숫가에서 여름날 느꼈던 그 감정과 크게 다르지 않다.

만약 당신도 원하던 삶을 찾기 위해 잠시 멈추는 시간을 고민하고 있다면, 그 시간이 얼마가 되든 결과에 너무 집착하지 않길 바란다. 그 시간은 당신의 '시도하는 힘'을 키우고, 당신 내면의 목소리를 듣는 훈련을 하기 위한 시간이다. 그 기간 동안은 정말 해보고 싶었던 것들을 마음껏 시도하는 데 집중하자. 그리고 그 과정이 당신에게 어떤 변화를 가져오는지 가만히 살펴보자.

물론 Year-off를 뭔가 눈에 띄는 성과로 마무리할 수 있다면 좋겠지만, 진짜 의미 있는 변화는 단 몇 년 안에 오지 않을 수도 있다. 하지만 내가 약속할 수 있는 것은 앞으로 10년 안에 당신은 더 넓고 깊은 삶을 살게 될 것이고, 항상 바라왔던 모습에 더 가까워질 수 있다는 것이다.

마음속을 맴도는 채워지지 않은
그 갈망에 대하여

Year-off의 목적은 늘 분명했다. 내가 원하는 삶을 구체적으로 탐색하고, 그 시간을 인생의 다음 챕터를 여는 디딤돌로 삼는 것이다. 그런데 이 원고를 마무리하는 즈음에 또 다른 정의가 떠올랐다. 'What-If'를 실험하는 그해는 내 삶 속의 다양한 결핍을 채우는 시간이기도 하다.

여기서 말하는 결핍은 물질적인 것을 말하는 게 아니다. 자꾸만 마음속을 맴도는 어떤 갈망, 아직 채워지지 않은 경험이나 소망 같은 것들이다. 예를 들면, 언젠가 꼭 한번 살아보고 싶었던 도시나 항상 배우고 싶다고 생각만 했던 어떤 기술 같은 것이다.

이런 결핍은 누구에게나 하나쯤 있기 마련이다. 그런데 이런 결핍을 제대로 마주하지 않으면 누군가와 대화할 때나 혼자 있는 밤에, 혹은 생일이나 새해처럼 무언가를 돌아보게 되는 시점에 불쑥불쑥 떠올라 우리 마음을 헤집는다.

내가 두 번째 Year-off를 마친 뒤 한결 가벼워졌다고 느낀 이유는 오랫동안 내 마음을 누르고 있던 'What-If'의 유령들을 놓아줬기 때문이다.

나에게 있어 가장 큰 유령은 '한국인으로서의 나'를 되찾고 싶은 마음이었다. 유연한 삶을 추구했던 건 어쩌면 한국에 머물며 가족, 문화, 나라는 정체성과 더 깊이 연결되고 싶은 마음이었는지도 모른다. 그 공허함이 얼마나 컸는지는, 그걸 채워보니 비로소 알게 되었다. 1년 가까이 한국에서 지내며 그 오랜 결핍과 마주하고, 진심을 다해 그 결핍을 채워보려 노력한 시간들은 내 자신과도 진정으로 화해할 수 있게 해주었다.

결핍의 크기를 떠나, 우리 안의 채워지지 않은 부분들을 외면하지 않고 정성껏 돌보는 일이야말로 자기 자신을 사랑하는 최고의 표현이지 않을까?

사랑하는 사람을 떠올려보라. 그 관계를 잘 지키기 위해 우리는 그 사람이 원하는 것을 귀 기울여 듣고, 그것을 채워주려 노력한다. 비록 모든 걸 들어줄 수는 없더라도, 그 마음을 보여주는 노력 자체가 사랑이다. 그렇다면 왜 우리 자신에겐 그만한 친절을 베풀지 않는 걸까? 우리 자신의 목소리를 듣고, 거기에 진심으로 답하려는 노력을 가장 먼저 해야 하는 게 아닐까.

당신의 결핍은 무엇인가? 몇 년째 미뤄 두기만 했던, 가슴 한편을 계속 쿡쿡 찌르는 그 꿈은 무엇인가? 더 이상 모르는 척 외면하지 말고, 용기 내어 온 마음을 다해 그 결핍을 채우기 위한 시도를 해보기 바란다. 결국 그걸 할 수 있는 사람은 이 세상에 오직 당신밖에 없다.

Final Questions & Tips

당신은 이미
변화하고 있다

새로운 삶의 방식을 고민하고 변화를 시도하는 과정에서 누군가의 허락을 받을 필요는 없다. 지금 이렇게 진지하게 고민을 시작했다는 것만으로도 이미 당신은 그 길 위에 올라선 것이다. 당신이 생각하는 것보다 훨씬 가까이 와 있다. 그러니 계속 앞으로 걸어가자. 당신의 미래 자아가 그 길 끝에서 기다리고 있다.

지금, 당신의 가치와 직관에 따라 삶을 변화시킬 준비가 되어 있다면 이 마지막 조언을 참고하기 바란다.

용감한 도약을 위한
다섯 가지 팁

1. **나만의 나침반을 정의하라.** 당신이 원하는 삶에 어울리는 두 가지 핵심 가치를 적어보자(예: 자유, 창의성, 안정감, 영향력, 공감, 커뮤니티 등). 그리고 그 단어들을 거울과 책상 앞, 현관문 등 눈에 잘 띄는 곳에 붙여 두고 날마다 상기하자.

2. **내 안의 신호를 포착하라.** 일상에서 설렘이나 불편함이 느껴지는 순간들을 유심히 살펴보자.
    + 어떤 순간에 열정이 솟아나고 깊은 만족감을 느끼는가?
    + 반대로 언제 지치고 답답함을 느끼는가?

3. **몸의 감각에 귀 기울이자.** 신호를 잘 포착하기 위하여 몸과 마음의 컨디션을 잘 살피자.
    + 가벼운 근력 운동이나 유산소 운동 한 가지를 정해서 꾸준히 해보자. 혈액 순환이 잘 되고 마음이 깨어 있어야 신호를 잘 포착할 수 있다.
    + 의도적으로 '멈춤'의 시간을 만들자. 아무것도 하지 않고 머리를 쉬게 하는 고요함도 필요하다.

4. **딱 5도만 방향을 틀어보자.** 삶을 송두리째 바꿔야 하는 건 아니다. 작은 변화로도 충분하다.
   + 오늘, 당신이 원하는 삶이나 추구하는 가치에 걸맞은 선택 한 가지를 해보자.
   + 가슴 뛰는 제안에는 '예스'를, 적절하지 않다고 생각되는 일에는 '노'라고 말해보자.

5. **자기 자신을 믿고, 과정을 신뢰하라.** 계속 떠오르는 생각, 그냥 스쳐 지나가지 않고 맴도는 그 감정은 우연이 아니다. 당신 안의 직감이 무언가 의미 있는 곳으로 이끌고 있는 것이다. 작은 한 걸음이라도 내딛고, 그 길이 어디로 향하는지 충분히 지켜볼 수 있을 만큼 걸어가보자. 당신은 분명 해낼 수 있다.

10. 보너스
또 다른 이들의 안식년 스토리

이 책의 목표는 사람들이 진짜 원하는 삶을 향해 용기 있는 한 걸음을 내딛을 수 있도록 격려하고 응원하는 것이다. Year-off는 내가 선택한 방법일 뿐, 의미 있는 변화를 만들어내는 유일한 도구는 아니다. 만약 인생의 다음 챕터를 어떻게 열어 갈지 고민 중이거나, 리셋 혹은 성장에 목말라 있다면, 다양한 형태의 안식년을 통해 중요한 전환점을 만든 다른 사람들의 이야기가 좋은 참고가 될 것이다.

아틸라 암스트롱
Athila Armstrong

"안전지대 바깥으로 나가본 사람은
반드시 성장을 경험합니다."

가장 먼저 이 책에서도 등장했던 내 멘토의 안식년 스토리를 소개한다. Year-off 동안 아틸라는 중요한 조력자이자 멘토로 함께해준 고마운 사람이다. 그리고 자신도 곧 안식년을 가질 거라고 말했는데, 실제로 그는 2023년에 1년간의 커리어 휴식을 선언했다. 그 기간 동안 몇 가지 개인 프로젝트를 진행하고, 미래 자신의 업에 대해 진지하게 탐색하는 시간을 가졌다고 한다.

현재는 AI 스타트업 DevRev의 디자인 총괄로 일하고 있으며, 그 전에는 에어비앤비, 메타 등에서 디자인 팀을 이끌었다. 샌프란시스코에 거주하고 있고, 40대 중반으로 두 아이의 아버지이기도 하다.

다음은 그가 안식년을 시작하며 올린 링크드인 게시물이다. 그의 동의를 받아 내용의 일부를 소개한다.

에어비앤비에서 5년 반을 보낸 후, 안식년을 시작한 지 이제 일주일째입니다.

디자이너는 자신이 하는 모든 일에 '의도'를 담아야 합니다. 디자인이란 결국 사람들의 관점이나 행동 방식을 바꾸기 위한 의도적인 행위이니까요. 많은 디자이너들이 이러한 사고방식을 오직 업무에만 적용하는데, 제게는 이게 삶 전반에 모두 적용되는 태도입니다.

많은 친구와 동료들이 묻습니다. "모두가 탐내는 회사의 그 좋은 자리를 대체 왜 그만두는 거야?" "네가 그렇게 좋아하고 존중하는 디자이너들과 동료들을 떠나는 이유가 뭐야?"
제 답은 간단합니다. 애초 45세 즈음에 휴식기를 갖겠다고 계획을 세워 두었습니다. 저는 '의도를 갖고 사는 삶'을 매우 중요하게 생각하고, 그것은 제 인생과 커리어에 모두 적용되는 원칙입니다.
저는 일을 할 때 뛰어난 디자인 역량 외에도 비즈니스적 비전, 그리고 문화적인 이해와 영향력을 커리어에 접목하기 위해 노력해왔습니다. 그러기 위해 매번 이 다양한 요소들의 밸런스를 조정해야 했고, 그 만큼의 대가도 따랐습니다.
저는 제 자신을 무엇보다 '디자이너'라고 생각하는데, 논란의 여지가 있을 수 있지만, IT 업계에서 유능한 디자이너가 되는 일은 때로 진짜 디자인을 하는 것과는 꽤 거리가 있을 때도 많습니다. 빅테크 안에서 디자인 커리어를 구축하는 과정은 많은 도전과 압박, 그리고 좌절이 수반되는 힘든 시간이었습니다.

저는 이제 잠시 멈추고, 다시 세상을 관찰하며 더 새롭고 발전된 방식으로 영향을 미칠 수 있기 위해 도전하려 합니다. 그렇게 제 커리어와 인생을 계속해서 디자인해 갈 것입니다.

나는 아틸라에게 실제로 안식년을 가진 뒤 어떤 점이 가장 달라졌는지 물어보았다. 이번에도 그의 대답은 명확했다. "자신감이 더 생겼어요. 사실 안정적이고 보수가 좋은 직장을 떠나는 건 정말 어려운 일이에요. 하지만 나는 이걸 스타트업을 창업하는 것처럼 생각했어요. 익숙한 안전지대 바깥으로 나를 내모는 과정에서 반드시 성장을 경험할 거라 믿었죠. 이런 결정은 사람을 근본적으로 바꾸는 힘이 있습니다."

안식년 후에 다시 취업하지 못하면 어쩌나 걱정하는 사람들에게는 뭐라고 조언해줄지도 물어보았다.

"일에 대한 정의를 다시 생각해보면 좋겠어요. AI 덕분에 지금은 누구나 창작자가 될 수 있는 시대예요. 꼭 전통적인 고용 형태가 아니더라도 얼마든지 가치를 만들고, 생계를 꾸리고, 의미 있는 일을 할 수 있는 방법이 점점 더 많아지고 있어요. 앞으로 우리에겐 점점 더 많은 도구와 선택지가 주어질 거예요. 그러니 그런 도구들을 배우고, 새로운 방식의 일을 적극적으로 탐색해보면 좋겠습니다."

한기용

> "마흔세 살, 처음으로
> '내가 무엇을 원하는지' 고민했습니다."

한국과 실리콘밸리에서 개발자와 창업가들의 멘토로 통하는 한기용 님은 삼성전자에서 엔지니어로 처음 커리어를 시작했다. 이후 미국으로 건너가 약 30여 년간 창업을 포함해 야후Yahoo 같은 대기업부터 유데미Udemy 같은 스타트업까지 두루 경험했고, 현재는 엔젤투자, 자문, 컨설팅 등을 통해 본인만의 브랜드를 만들고 있다.

한기용 님의 안식년은 40대에 시작되었다. 야후를 퇴사하고 나서 작은 스타트업에 합류했지만, 추가 펀딩에 실패해 8개월 만에 망하고 보니 이런 생각이 들었다고 한다. '내가 도대체 미국에서 왜 이러고 살고 있나.' 그래서 1년간 쉬어 가는 안식년을 선택했다.

다음은 창업가들의 커뮤니티 '이오플래닛EO planet'에서 한기용 님을 인터뷰한 기사 중 일부이다.

어찌 보면 중년의 위기가 온 거죠. 하지만 약 11개월 쉬었던 그 시기가 제 인생에서 가장 잘한 일이라고 생각합니다. 이 때를 기점으로 삶을 보는 시각이 많이 바뀌었거든요.

일단 태어나 처음으로 '내가 원하는 게 무엇인지' 생각해봤던 것 같습니다. 43살에 처음 그런 생각을 해봤다는 게 충격이죠.

한국은 기본적으로 개인이 내가 뭘 좋아하고 뭘 해야 될지 생각하기 어려운 분위기라고 봅니다. 저도 삼성전자 다닐 때까지는 별다른 의견 없이 그냥 큰 흐름을 따라갔던 것 같아요. 미국에 와서도 (제 의지로 살기 시작한 것이지만) 내가 무엇을 해야 하는 사람인지 고민해보진 않았던 것 같습니다.

헌데 미국에서 만난 친구들 중에는 젊었을 때 소위 '헤매던' 아이들이 많아요. 부모들이 '너 이거 해라'라고 강권하는 사람이 거의 없고요. 나중에 뭐가 됐건 제 방향을 찾으면 더 열심히 할 따름입니다. 자기가 찾은 길이니까 더 행복하게 살아요. (저 또한 그런 걸 지켜보면서) 성공에 대한 잣대가 굉장히 개인적이지 않은가 생각하게 됐습니다.

(안식년 초반의) 처음 3~4달은 아무것도 안 했습니다. 아이들 등하교 픽업하는 것 외에는 아무것도 안 했어요. 이게 그렇게 피곤한 일인

지 몰랐습니다. 정확히 얘기하자면 불안했어요. 놀아본 적이 없으니까요. 그래도 '놀아도 별 문제 없구나'를 깨달을 수 있었습니다. 네트워크의 힘을 실감하기도 했습니다. 제가 논다는 소식이 알려지니 예전 동료들에게 연락이 오기 시작했어요. 풀타임으로 합류할 생각은 없다고 하니 처음으로 컨설팅이라는 걸 해볼 기회가 생겼습니다. 나중에는 이런 사이드잡을 한차례 정리하고 한국에서 1달간 가족 여행을 다니다가 미국에 돌아와서 다음 스텝을 정했습니다.

안식년을 통해 무엇을 느꼈는가

내가 그동안 남 눈치를 많이 보며 살았구나, 내 인생을 산 게 아니라 남들이 나를 바라보는 시각에 맞춰서 살았구나, 그런 걸 깨달았어요. 그래서 결심했습니다. '나는 앞으로 큰 회사는 안 간다. 무슨 결정을 하든 남의 이목은 생각하지 말고 나를 최우선으로 생각하자.'

기본적으로 큰 회사에는 사람이 많다 보니 제가 낼 수 있는 임팩트에 한계가 있습니다. 속도감 있게 일하기 어렵고요. 그런 측면에서 큰 회사에 대한 흥미가 없다는 걸 알았습니다. 물론 불확실성이 수반되겠지만, 세상에 완벽하게 확실한 건 없으니까, 빠르게 움직이면서 큰 임팩트를 낼 수 있는 곳을 선호하게 된 겁니다.

시간은 어찌 보면 가장 유한한 자원입니다. 이미 40살이 넘은 제가 앞으로 건강하게 일할 수 있는 시간이 얼마 안 남았다고 깨닫게 되면서 '어떻게 시간을 더 잘 쓸까', 더 많이 실험해보고 더 빠르게 배울 수 있는 환경이 더 좋다는 결론을 내리게 됐습니다.

30여 년 성공적인 커리어의 비결은 무엇인가

분명 운이 좋았습니다. 좋은 사람들을 만났고요. 무엇보다 11개 회사를 거치면서 빨리 그만둔 걸 한 번도 후회한 적이 없습니다. 오래 다닌 걸 후회했죠. 어쨌든 빨리 그만두게 된 곳은 저와 맞지 않는 곳이었던 겁니다.

추천 엔진 알고리즘 중에 'explore and exploit(탐색 및 제외)'라는 게 있어요. 유데미 같은 온라인 강의 사이트에서 유저에게 다양한 코스를 일단 보여주고, 유저가 어떤 것에 반응하는지 살펴본 다음에 그 사람이 긍정적으로 반응하는 걸 더 보여주는 식입니다.

커리어도 마찬가지에요. 처음에는 내가 뭘 잘 할지 모르니까 젊었을 때 많이 경험해봐야죠. 작은 실패를 하더라도 내게 맞는 걸 찾아서 거기에 깊게 파고드는 게 좋은 커리어 개발 방법이 아닐까 생각합니다. 그렇게 살아왔지만, 더 시도해보지 못한 게 후회된다는 뜻입니다.

삼성전자에 다닐 때는 저항을 최소화하는 방향으로 움직였던 것 같아요. 그래서인지 '사회생활을 했다'는 느낌이 크지 않습니다. 차라리 조금이라도 더 어렸을 때 내가 정말로 원하는 게 뭔지 생각해보고 실패도 해봤다면 복구할 수 있는 시간도 훨씬 많았을 텐데, 그 시기에 무언가 해보지 않은 게 가장 큰 후회로 남아 있습니다.

주저하고 있을 사람들에게 조언한다면?

커리어 선택을 머리로 하려고 하지 말고 가슴으로 하라고 말씀드리고 싶어요. 이성적으로 장단점 따지기 시작하면 그 도전 안 하겠다는 얘기랑 똑같다고 느껴지거든요.

커리어 결정을 논리로만 하긴 힘듭니다. 결국 후회를 최소화하는 프레임워크가 중요하죠. '내가 나이가 들어서 내 인생을 돌이켜봤을 때 후회가 얼마나 남을까', 그 관점으로 보면 어떨까요. 대부분 안 해본 것에 대한 후회가 더 많지 않나 싶습니다.

모르 슐레징거
Mor Schlesinger

"안식년은 분명 신나는 일이지만,
철저한 준비가 필요합니다."

모르는 이스라엘 텔아비브에 있는 구글에서 엔지니어링 디렉터로 일하다가 최근 회사를 그만뒀다. 현재는 세계 곳곳의 클라이언트들을 코칭하며 여행 중이다. 안식년을 시작한 지 석 달째인 지금, 그녀는 일에 대한 열정과 에너지를 되찾기 위해 어떤 변화가 필요한지 고민하고 있다.

"예전엔 내가 '꿈의 직장'을 다니고 있다고 생각했어요. 실제로 제 일을 정말 좋아했고요. 그런데 어느 순간 더 이상 즐겁지가 않더라고요. 뭔가 변화가 필요하다고 느꼈지만, 정확히 뭘 어떻게 바꿔야 할지는 몰랐어요. 지금도 완전히는 모르지만, 그래도 이렇게 진지하게 의도를 갖고 탐색하다 보면 언젠가는 답을 찾게 될 거라는 믿음이 있어요."

모르의 안식년은 아직도 진행 중이다. 그녀도 나처럼 자신의 안식년 스토리를 블로그에 기록하고 있는데, 그녀의 동의를 얻어 블로그 글 중 일부를 소개한다.

안식년 아이디어를 실행하는 것은 결코 쉽지 않았습니다. 코칭과 사람들의 성장을 돕는 일에 열정을 가진 구글 디렉터로서 저는 중요한 기로에 서 있었습니다. 회사에는 공식적인 안식년 제도가 없었기 때문에 결국 사표를 낼 수밖에 없었고, 1년간 제 인생과 커리어의 변화를 스스로 설계해야 했습니다.

저에게 이 안식년은 성장을 위해 신중하게 계획한 여정입니다. 네팔의 수도원으로 가서 불교 공부를 심화하고, 전문 코치로서의 역량을 더욱 개발하는 한편, 세계를 여행하면서 오랫동안 꿈꿔온 일들을 현실로 만들어 가는 한 해로 삼을 계획입니다. 기존의 커리어 경로에서 잠시 벗어나는 이 시간은 단순한 휴식이 아니라, 더 의미 있는 미래를 위한 투자입니다.

안식년의 장점

1. 커리어 전환 가능성. 안식년은 단지 휴식이 아니라 전략적으로 커리어를 리셋할 수 있는 기회입니다. 일상적인 업무에서 벗어나면 다음과 같은 여유가 생깁니다.

- 새로운 업계나 관심 분야를 탐색할 수 있는 여유
- 강의, 워크숍, 개인 프로젝트 등을 통한 스킬 개발
- 다른 분야의 전문가들과 새로운 네트워크 형성
- 장기적인 커리어 방향에 대한 관점을 넓힐 기회

2. 번아웃 극복. 현대의 업무 환경은 종종 우리를 탈진 직전까지 몰아넣습니다. 안식년은 다음과 같은 회복의 시간을 제공합니다.

- 정신적·감정적 재충전
- 일에 대한 열정과 동기의 재발견
- 스트레스를 해소하고, 더 나은 워라밸 전략을 세울 기회
- 미뤄 뒀던 취미와 개인적인 관심사를 다시 돌볼 수 있는 시간

3. 버킷리스트 실현. 인생은 기다려주지 않습니다. 안식년은 버킷리스트를 실행할 수 있는 기회를 줍니다.

- 항상 꿈꿔왔던 곳 여행하기
- 미뤄 뒀던 개인 프로젝트에 몰두하기

4. 새로운 기술이나 언어 배우기.

- 가족이나 친구들과 좋은 시간 보내기
- 명상, 글쓰기, 예술 활동 등 개인적인 성장을 위한 시간 갖기

이럴 때 안식년을 고려해보세요

- 직장에서 반복적이고 지속적으로 지치고 동기 부여가 안 되는 경우
- 개인적 또는 직업적으로 성장에 대한 명확한 비전을 갖고 있는 경우
- 정기적인 수입(월급) 없이도 1년간 버틸 수 있는 재정적 여유가 있는 경우
- 커리어 전환기에 있거나 전직을 고민하는 경우
- 자기 탐색과 성장에 대해 강한 열망을 갖고 있는 경우
- 안식년을 지속하고 지지해줄 수 있는 인간관계가 있는 경우

현실적인 준비 사항

- 필요한 경비를 미리 확보하고, 만약을 대비한 비상금 준비하기
- 안식년 동안 거주할 곳의 건강보험 및 의료 시스템 알아보기
- 커리어 네트워크를 유지하고 소통 이어 가기
- 연간 계획을 짜되, 유연성을 남겨 두기
- 수입을 유지하기 위해 파트타임 혹은 프리랜서 일 고려하기
- 재취업 시 발생할 수 있는 어려움에 대비하기

나의 결론

이번 한 해는 단순한 '쉼'이 아니라, 전략적인 '재구성'의 시간입니다. 이와 비슷한 길을 고민하고 있는 분들에게 말하고 싶어요. 커리

어는 단거리 경주가 아니라 장거리 마라톤입니다. 그러므로 때로는 '의도적인 멈춤과 휴식'이야말로 가장 생산적인 선택이 될 수 있습니다.

차현나

*"나를 알아가는 것에만
집중하는 시간"*

현나 님은 이 책에서 '셀프 퍼블리싱 수업'을 함께 들었다고 소개한 나의 사촌언니이다. 그녀는 스타벅스커피코리아에서 데이터 사이언티스트로 일했고, 올해까지 하이브에서 데이터랩 실장으로 일하다 회사를 그만두고 최근 안식년을 시작했다.

《문과생, 데이터 사이언티스트 되다》,《데이터 읽기의 기술》등의 베스트셀러를 쓴 작가이기도 하니 작가로서는 나보다 선배이고, 그리고 안식년 경험은 내가 선배이자 멘토인 셈이다.

현나 님은 "더 이상 타인의 기준으로 세상을 바라보지 않고, 나만의 감각과 판단 기준으로 삶을 재정렬"하고 싶어 안식년을 선택했다고 말한다. 어렵게 결심한 그녀의 안식년 스토리를 직접 들어본다.

저에게 안식년은 건강의 적신호를 계기로 찾아왔습니다. 긴 시간 동안 회사에서 일하며 몇 번의 짧은 휴가와 병가를 경험했지만, 건강은 회복되지 않았고 오히려 악화되었습니다. 몸은 계속해서 에너지가 바닥났다는 신호를 보냈고, 저는 그 신호를 애써 무시한 채 일에만 몰두했습니다.

암 수술 후 2주 만에 복귀할 만큼 일에 강한 책임감을 가졌던 저는, '의지만 있다면 버틸 수 있다'고 믿었습니다. 하지만 반복되는 경고 속에서 결국 한계를 인정하게 되었고, '다음 스텝을 정하지 않은 휴식'을 처음으로 선택하게 되었습니다.

한국 사회에서 일은 곧 정체성이 되기도 합니다. 저 역시 일하는 것에서 삶의 의미를 찾던 사람이었기에 휴식을 결심하기까지 오랜 시간이 걸렸습니다. 어쩌면 무의식 속에서는 계속 이 시간을 준비해왔던 건지도 모르겠습니다.

난생처음
휴식을 설계한다는 것

두려움도 고민도 컸던 만큼, 안식년은 충동이 아니라 '설계'여야 했습니다. 그래서 이 시간을 충실하게 보내기 위해 몇 가지 현실적인 준비를 하기로 했습니다.

1. 경제적인 안정의 틀. 건강 문제로 인해 더 이상 안정적인 수입이 지속되지 않을 수도 있다는 두려움을 느낀 날이 있었습니다. '일하고 싶어도 일할 수 없는 상태가 될지도 모른다'는 가정은 저에게 중요한 질문을 던졌습니다. "수입이 없다면 어떻게 살 것인가?"

저는 우선 대출을 최소화하며, 주거와 생활비, 회복에 필요한 비용들을 점검했습니다. 도전이 항상 비용을 수반하지는 않지만, 창업이나 여행처럼 필요한 경우도 있기에 비용 – 리스크 – 회복 시나리오를 미리 계산해 두었습니다.

2. 생각의 우선순위 전환. 휴식을 결심하고 나서도 불쑥 불안이 찾아올 때가 있었습니다. 회사 다닐 때의 루틴대로 일찍 일어나 무엇인가를 '해내야 할 것 같은' 조급함, 매일 성과를 내지 못하면 무가치하다고 느끼는 감정들 같은 것입니다.

그럴 때마다 저는 스스로에게 반복해서 말했습니다. "지금은 회복에 집중해야 할 시간이고, 완전히 회복된 나는 다시 새로운 일을 할 수 있는 사람이다." 이 다짐을 잊지 않기 위해 다양한 방법을 활용했는데, 디지털 플래너에 생각을 기록하고 새로운 계획을 세우는 것이 도움이 되었습니다.

사실 현실적으로 성인이 안식년을 결심하는 것은 매우 어려운 일입니다. 부양해야 할 가족과 책임이 있거나, 휴식 이후 복귀에 대한 걱정도 있을 것입니다. 그렇기 때문에 꼭 설계가 필요합니다. 휴식의 기간이 반드시 1년일 필요도 없고, 혹은 직장을 다니면서도 '생각이

나 관점의 우선순위를 완전히 바꾸는 것만으로도 일정 정도의 변화가 가능하다고 생각합니다.

루틴 덕분에 서서히 자신감을 찾아가다

지인들에게 처음 제 휴식을 설명할 때 이렇게 말했습니다. "무라카미 하루키처럼 살아보고 싶어요."

그는 아침 일찍 일어나 8시간 동안 글을 쓰고, 오후엔 달리기를 하고, 저녁엔 휴식을 하고 일찍 잠든다고 합니다. '좋아하는 글을 오래 쓰기 위해 만든 루틴'이란 말이 인상 깊었습니다.

저는 야행성이기에 하루키의 루틴을 그대로 따르지는 못하지만, 저만의 구조를 만들고 있습니다. 오전에는 가벼운 산책이나 독서를, 오후에는 글쓰기, 저녁엔 운동과 휴식을 병행합니다. 이 리듬 덕분에 건강을 위한 식단과 운동도 조금씩 자리 잡아 가고 있고, 자책보다는 회복의 흐름을 더 신뢰하게 되었습니다.

그동안 본업에 밀려 미뤄 두기만 했던 그림을 다시 그리고, 전자책 출간도 준비하고 있습니다. 무리 없이, 꾸준히, 좋아하는 것을 향해 걷고 있는 지금의 제가 낯설면서도 이 시간이 저에게 안정감을 줍니다.

1년 뒤? 새로워진 내가
좋은 결정을 할 거야!

안식년을 시작한 지 얼마 되지 않아서인지, 저는 여전히 이 시간을 완벽하게 정의 내리긴 어렵습니다. 아직도 문득 두려움이 찾아오고, 때로는 아무 생각 없이 하루를 보내기도 합니다. 하지만 그런 순간조차도 지난날을 견뎌온 저에게 작은 위로가 되어줍니다.

그리고 서서히 '내가 어떤 방식으로 살아가고 싶은지', '무엇을 포기할 수 있고, 무엇은 포기할 수 없는지'를 다시 생각하게 됩니다. 또, 이 휴식의 끝에서 제가 어떤 사람으로 달라져 있을지를 조금씩 그려보고 있습니다.

저에겐 사촌 동생인 크리스가 제게 이런 말을 한 적이 있습니다. "안식년을 보내고 있다고 하면 사람들은 항상 '그다음엔 뭘 할 거야?'라고 물었어. 나는 그때 말했지. '1년 뒤에 새로워진 뇌가 좋은 결정을 할 거야'라고."

지금 이 시간은, 나의 뇌가 새로워지는 시간입니다. 나의 내면이 재정의되고 재정렬되는 중입니다. 조금 더 건강해지고, 다시 배우고, 생각이 깊어진 제가 어떤 프로젝트를 할 수 있을지 기대해봅니다.

지금은 그저 하루하루 충실히 다시 생각하고, 느끼고, 쓰는 중입니다.

Year-off가
내게 가르쳐준 10가지

1. 커리어 전체를 놓고 보면 1년은 그리 긴 시간이 아니다.
2. 삶에 꼭 필요한 것은 생각보다 많지 않다는 걸 깨닫는다. 몇 가지 핵심적인 것만 있어도 우리는 잘 살아갈 수 있다.
3. 거리를 두고 봐야만 제대로 알게 되는 것들이 있다. 즉, 현재의 일과 관계 등으로부터 한 걸음 물러나야만 비로소 보고 느낄 수 있는 것들이 있다.
4. 나는 생각보다 강하고, 동시에 약하다는 것을 알게 된다. 하지만 결국 어려운 일을 해내는 과정 속에서 나는 더욱 강해진다.

5. 명함이나 월급 없이도, 가족은 여전히 나를 사랑한다.
6. 모든 친구가 진짜 친구는 아니라는 걸 알게 된다. 화려한 타이틀이 사라지면 함께 사라지는 이들도 있다. 하지만 성인이 되어서도 새로운 깊은 우정을 맺을 수 있고, 그건 정말 멋지고 가치 있는 일이다.
7. 좋은 스토리는 사람의 마음을 움직인다. 그러니 나가서 나만의 좋은 스토리를 만들어보자.
8. 마음속 간절한 바람을 밖으로 꺼내어 실행에 옮겨야 주변의 지원이 따라온다.
9. 우리는 인생에서 생각보다 훨씬 많은 걸 스스로 선택할 수 있다.
10. 그리고 우리 마음속 다양한 'What-If'를 정면으로 마주하고 나면, 더 자신감 있고 온전한 나로서 현재의 삶을 만끽할 수 있게 된다.

위험한 인생책

초판 1쇄 발행 2025년 9월 17일

지은이 크리스 채

편집 김세원
표지디자인 크리스 채
본문디자인 pica(

펴낸곳 더스퀘어
출판등록 제 2023-000109호 (2023년 10월 11일)

ISBN 979-11-990969-3-6 03190
ⓒ 크리스 채, 2025, Printed in Korea

· 책값은 뒤표지에 있습니다. 잘못된 책은 구입하신 곳에서 교환해 드립니다.
· 신저작권법에 의해 보호를 받는 저작물이므로 무단전재와 무단복제를 금합니다.
· 이 책의 내용을 사용하려면 반드시 저작권자와 더스퀘어의 서면 동의를 받아야 합니다.

좋은 콘텐츠를 생산하고 소비하고 공유하는
세상 모든 천재들이 모이는 광장 '더 스퀘어'에 오신 것을 환영합니다.
당신의 아이디어와 콘텐츠에 가치를 더해 드립니다.
문의 cometosquare@gmail.com